ACRO
POLIS
衛城
出版

鮑德溫（James Baldwin）死後留下一片智識真空，誰能遞補？我納悶許久。這人顯然是科茨。《在世界與我之間》的字句如作者的人生旅途，直探內心深處，辯才無礙，救贖意味淒美。檢視男性黑人生活的險境與希望時，文筆既深刻又具啟示性。這本是必讀之作。

——諾貝爾文學獎得主童妮．摩里森（Toni Morrison）

震撼力與熱情兼具……感人至深……令人切身感受今日美國黑人辛酸。

——角谷美智子，《紐約時報》

卓絕之作……作者以沉痛筆調寫信給青少年兒子，字裡行間帶有父愛，也充滿身為家長的恐懼，道盡美國歷年來對黑人施行的暴力，教導兒子明瞭非裔年輕人極容易遇上冤獄、被警方施暴、坐牢比例超高。

——大衛．雷姆尼克（David Remnick），《紐約客》雜誌

筆法精湛……扣人心弦，省思美國族群關係的現狀……。作者亮出渾身火力炮轟，令人嘆為觀止；身為文壇中生代的他醉心於當紅議題，在全國事件風向與個人觀點一致時，順勢使盡重量級的筆力。

——《華盛頓郵報》

融合歷史、報導文學、回憶錄，承襲鮑德溫的傳統，呼應艾理森（Ralph Ellison）的《看不見的人》（*Invisible Man*），言之有理……。本書比較不像書寫特定時地的典型回憶錄，倒比較接近美國黑人軀體的自傳……作者的筆調溫婉，尤其是在寫到妻小和大家族成員時，此外他的文字也直率坦白……。作者在本書與其他方面之所以成功，主因是論理清晰，秉持與生俱來的尊嚴，更因為他

尊重自己和其他人。他拒絕對白人讀者頤指氣使或說教，也不願懇求白人接受：他從不問世人為何不能放棄成見、和好相處。他明白，在政府政策之下，和好相處幾乎是不可能的事。

——《波士頓環球報》

這本必讀的薄書裡有家庭歡樂，也有嚴苛的奮鬥，以無神論者自豪的科茨不斷間接請大家以「阿門」應和……他已成為美國種族議題上最熱門的知識圈名嘴，原因不難理解。《在世界與我之間》……擴大並精煉黑人在美國的生存意義，而美國早年並不指望黑人存活。本書說穿了是黑人的剛強、韌性、風度的禮讚……。科茨以果決、生動的文筆直戳美國黑人界的心坎。

——《洛杉磯時報》

在世代覺醒的此刻，本書具有關鍵地位。

——《紐約客》雜誌

《在世界與我之間》是一本分量與時效性兼具的書，想觀察美國社會標竿的人必讀之新作。

——《娛樂週刊》

科茨以優美抒情的筆調，在美國種族歧視紛爭頻傳的當前，呼籲大家覺醒……。《在世界與我之間》與《下一次將是烈火》(*The Fire Next Time*)可相提並論，意在喚醒讀者……，訓誡世人擦亮眼睛。

——《衛報》

近年來少見的扣人心弦、感人肺腑作品……明晰論述之水準直逼艾理森的經典《看不見的人》……。科茨對美國生活的見解不容嚴肅學者或有擔當的國民漠視。

——《外交期刊》(*Foreign Affairs*)

言辭懇切感情奔放、刀刀見骨，科茨寫下當代新經典。

——Vogue

強有力。

——《經濟學人》

《在世界與我之間》呈現罕見的美感，坦誠而具啟發性……是在道德拉警報之際寫下的情書，下筆精準如驗屍刀，力道不輸驅魔儀式，讓病灶無所遁形……。在當前種族課題方面，科茨常獲讚譽為美國最重要的作家之一，但這種說法未免太輕估他了：科茨是當今美國任何課題上最重要的作家之一……。他博才多學，知識廣涵文學、熱門音樂、法國哲學，乃至於南北戰爭，才情在書中每一頁上呼之欲出，淬煉成深省，學問淵博卻從不流於賣弄。

——Slate 雜誌

尖刻控訴美國制度或觀念對黑人逐代相傳而來的暴力。

——《芝加哥論壇報》

我知道這本書針對的是作者的兒子，同樣可引為借鏡的是可能誤闖鬼門關的有色人種年輕人。但我覺得，科茨也針對身為父親的我直言，將心比心，對我傳授說，真勇氣是坦承脆弱的勇氣，是承認自己不及格的勇氣；能在面對仇恨和謊言時，保持心胸開放，繼續好奇；能在不便宜行事、輕易相信的情況下，持續質疑；能承認保護子女有時力有未逮；最困難的是，能理解一個事實：保護心切反而為子女增加負擔。而這一份父母心，我們遲早必須秉持智慧和勇氣拋棄。

——麥可．謝朋（Michael Chabon）

科茨是當代的鮑德溫，而本書是他的激情訴求。正值筆力巔峰的他展現精湛思維，將四百年歷史和個人苦悶與智慧蒸餾為獻給愛子的祈禱文，同時呼籲美國覺醒。《在世界與我之間》是現世經典，是送給大家的一份禮物。

——依莎貝爾．威克森（Isabel Wilkerson），著有《他鄉暖陽》（*The Warmth of Other Suns*）

Between the World and Me

在世界與我之間

塔納哈希・科茨 ——著　宋瑛堂 ——譯

Ta-Nehisi Coates

目次

謹獻給堅信不移的David與Kenyatta

某晨，我在林間草地
枝幹嶙峋的橡榆林立，
倏然撞見其景，
髒汙鉅細靡遺，
飄渺在世界與我之間。

——理查・萊特（Richard Wright）

I

切勿對我提起壯烈成仁
切勿在教區活動日
談及後世緬懷之烈士。
我不信死的作用多大，
但我也終將一死。
紫羅蘭將如響板
響應我心聲。

——索妮亞・桑且斯（Sonia Sanchez）

兒子：

上週日，當紅新聞節目的主持人訪問我，問我喪失軀體的感受如何。女主持人遠在華盛頓特區，而我坐在曼哈頓西緣的攝影棚，以衛星連線，但再先進的機器也無法拉近雙方代表的圈子。主持人問到我的軀體時，她的臉從畫面淡出，取而代之的是我在同星期發表的文章片段。

主持人逐字朗讀給觀眾聽，讀完後，話題轉向我的軀體，只不過她並未直指「軀體」一詞。但到這階段，知識分子常不明究理關心我的軀體，我已經聽慣了。確切而言，主持人想知道的是，我為何認為美國白人圈的進化建築在掠奪和暴力之上。「白人」泛指向白人文化看齊的民眾。一聽她這麼問，一股存在已久的朦朧傷感湧上我心頭。這問題的答案在於信者恆信的紀錄上；答案在於美國歷史。

這句言論不算偏激。美國人把民主捧上天，崇尚到了隱隱意識到自己有時違逆上帝旨意的地步。幸好，民主是個寬容的上帝，而且美國的異端邪說——凌虐、盜竊、奴役——對許多人、許多國家而言是家常便飯，乃至於沒有人能自詡無罪。

其實，從現實角度來看，美國人未曾背叛上帝。一八六三年，林肯宣示，蓋茨堡（Gettysburg）戰役必須確保「民有、民治、民享之政府不得從地表消失」，其用意不僅在激發士氣。南北戰爭開打之初，美利堅合眾國的民眾參政率在全球名列前茅。問題不在於林肯是否誠心弘揚「民有」；問題在於，自古至今，美國認為「人民」這政治用語的真諦何在。在一八六三年，「人民」不包括你母親或外婆，也不包括你我。由此可見，美國的問題不在於悖離「民有政府」的理念；問題在於定義「人民」一詞的方式。

順勢探討另一項同等重要的理想，美國人默默接受卻從不明言的理想。美國人篤信的「種族」現實是一種自然界的特色，定位明確，無庸置疑。從這種無可撼動的定位，種族歧視必然隨之而起，先是為異族貼上根深蒂固的特質標籤，進而羞辱、貶損、摧毀異族。種族歧視因此被視為一種大自然的產物，天真無邪，可用來哀嘆大西洋盆地的販奴航線（Middle Passage），用來悼念一八三〇、四〇年代印第安人被迫遷徙的血淚之路（Trail of Tears），態度一如哀嘆地震、龍捲風等人力無法控制的現象。

然而，種族是種族歧視之子，不是種族歧視之父。界定「人民」一詞的過程向來側重於地位高低，與宗族和外觀的關係不大。膚色與頭髮的差異由來已久，但崇尚膚色與頭髮的優越性，認定這類因素能適切劃分社群、能彰顯難以磨滅的內在特質，這是新人民心中的一種新觀念。這群可憐新人民從小被矇騙、被強灌的想法是以白人自居。

這群新人民和你我一樣，同是現代產物。但與你我不同的是，若缺乏犯罪強權機制的加持，他們的新名稱毫無實質意義。在變成白人之前，這群新人民各有定位——天主教徒、科西嘉島人、威爾斯人、門諾派信徒、猶太裔。如果國人的願望全有實現的一天，這些人勢必會再變成另一種人。也許，這群人終將徹底蛻變為美國人，為他們的迷思奠定更高尚的依據。會不會有這一天？我無法判定。以現階段而言，非提不可的事實是，漂白各族裔的過程——崇白論獲擡舉的過程——並非透過品酒會、冰淇淋交誼會來達成，而是藉由掠奪生命、自由、勞動力、土地的方式，藉由剝除背皮凌遲的手段，藉由鏈鎖四肢、扼殺異議分子、抄家、強暴母親、販子賣女等各種惡行，最重要的是剝奪你我自保自主我們自己身體的權利。

在這方面，新人民的言行並無新意。在歷史上，或許有某強權不必對人體橫徵暴斂便能睥睨天下。就算史上發生過這種事，恕我無知，我沒聽過。但是，美國絕無法援引這種四海皆有的暴力模式，因為美國不屑與陳腐平庸為伍。美國相信自己超群絕倫，是古今全球最偉大、最高尚的國家，是單打獨鬥惡勢力的白人民主城邦，能隻身對抗恐怖分子、暴君、蠻族與威脅文明世界的其他惡敵。無人能自稱聖賢卻在犯錯時以「孰能無過」為託詞。我提議認真看待國人的美國優越論，換言之，我提議以道德超高標檢視我國。說起來容易，做起來很難，因為你我四周存在一套無形機制，而這機制頻頻勸人照單接受美國純真論，不必過度質疑。人之常情是睜一眼閉一眼，一面坐擁美國史賦予的果實，一面漠視打著美國人民旗號而造的大孽。但你我從未真正享受過這種福氣。我想你應該知道。

在你十五歲這一年，我寫這封信給你。我選這一年寫給你，是因為你見到艾瑞克．賈諾爾（Eric Garner）因兜售香菸而被勒死，是因為你如今明白了芮尼夏．麥克布萊德（Renisha McBride）求救時中彈，約翰．科洛富（John Crawford）逛百貨公司時遭擊斃。你也看過塔米爾．萊斯（Tamir Rice）在警車尚未停妥時就挨警槍，而他才十二歲大，是警察宣誓保護的兒童。你也見過男警在路旁痛毆祖母級的瑪琳．平諾克（Marlene Pinnock）。如果你以前不懂，現在應該明白了，你的國家授權給警察局，讓警察有權毀損你的軀體。毀損的行為是否源於反應過度，是否純屬不幸，並不重要；是否源於誤解，也不重要；是否衍生自昏庸的政策，也不重要。你賣私菸，你的軀體就能被毀損。有人設陷阱，想誘捕你的軀體，你憎恨他們，你的軀體就能被毀損。你走進黑黝黝的樓梯間，你的軀體就能被毀損。因此被追究責任的毀損者少之又少。毀損者多數領得到退休金。毀損僅僅是當權者施展特權到極致的行為，其他特權還包括搜身、拘留、毒打、羞辱。這些遭遇，黑人習以為常。對黑人來說，這一切全是老掉牙的事。沒有人被追究責任。

其實，這些毀損者的惡性並不獨特，甚至此刻來看也無特異之處。毀損者只是為國執法的代理人，正確詮釋國家的宿命與傳承。令人難以面對的是，種種用語，如種族互動、種族鴻溝、種族司法正義、種族相貌判定（profiling）、白人特權、甚至白人至上主義，用意全在模糊一件事：種族歧視是一種直鑽內心深處的經驗，能爆腦漿、阻塞呼吸道、撕裂肌肉、摘除器官、折骨斷牙。你萬萬不可不正視。你務必時時謹記，箇中的社會學、歷史、經濟學、圖表、回歸分析，全部排山倒海落在軀體上。

那星期天，接受新聞節目訪問時，我在時限內盡可能向主持人解釋這一點，但在訪問近尾聲時，主持人出示一張廣為流傳的畫面，相片裡的十一歲黑人男童淚眼擁抱白人警官。接著她要我針對「希望」發表看法。我當下明瞭，我失敗了。而我記得，我本來就料到會失敗。我再次想到湧上心頭的那股朦朧的傷感。我究竟因何悲哀呢？離開攝影棚，我散步了一會兒。十二月的那天一片祥和，自信是白人的大小家庭在街上走動。襁褓中的幼兒被當成白人來栽培，躺在嬰兒車上。我為這些人感到悲哀，和我為主持人感到悲哀一樣，為陶醉在華而不實美夢裡的所有觀眾感到悲哀。我總算悟出悲哀的原因了。主持人問到我的軀體時，好像在要求我喚醒她，不讓她繼續沉醉在最美好的大夢。那種美夢，我從小到大見慣了。草坪整潔的完美民宅。春末夏初國殤紀念日的戶外烤肉會。街區協進會。供自家車進出的車道。那種大夢是樹屋，是幼童軍。那種大夢的香氣近似薄荷，滋味卻像草莓小蛋糕。長久以來，我多想躲進那場大夢，把美國當成毛毯，蒙頭睡覺。

無奈事與願違，因為大夢靠我們扛，寢具的原料來自我們的軀體。明瞭這一點後，明瞭到大夢能延續是靠著和現實世界開戰，我為主持人感到悲哀，為路上所有家庭悲哀，為我的國家悲哀，但在那一刻，我最悲哀的對象是你。

在那星期，你得知麥可・布朗（Michael Brown）的兇手不必坐牢。警察把他的屍體晾在街頭，當成一種了不起的宣言，以顯示自己擁有不可侵犯的大權。涉案警察始終沒有受到懲罰。我早料到，沒有人會被懲處。但你仍年輕，對體制仍有信心。那天晚上，你十一點還不就寢，等候警察被起訴，卻聽到不處分的消息，你說，「我看不下去了」，然後回房間。我聽見你在哭。五分鐘後，我進你房間，不抱你，也不安慰你，因為我認為，安慰你是錯誤的舉動。我不勸你放心，因為我從不相信以後萬事OK。我對你傳達你祖父母曾試著灌輸給我的道理：這是你的國家，這是你的世界，這是你的軀體，你必須設法安居其中。我在此告訴你，生活在一個迷失在大夢裡的國家，如何安居於黑人軀殼裡，這是我畢生追尋解答的疑問，而我已經發現，尋答的過程到頭來能自我釋疑。

你一定覺得奇怪。我們活在一個「目標導向」的時代，媒體辭彙充滿著腦殘言論、驚世創見，每件事都有奧祕的理論。但是在幾年前，我已拒絕接受任何形式的魔法（按：不信宗教）。這種心態是你祖父母送給我的禮物。他們從不以來生安慰我，對美國固有的光輝抱持懷疑的態度。我坦然接受歷史中的紛擾，接受我在世上僅走這一回的事實，因而獲得解放，能徹底思考自己想要的生活——確切的思考方向是：以這副黑人軀體，我如何活得自由自在？這問題涵義深遠，因為美國自認是上帝親手打造的國家，但黑人軀體卻提供最明確的反證，證明美國是凡人的作品。同一道問題，我藉讀寫問過無數次，年少聽音樂時問過，也在我和你祖父、你母親、你珍奈（Janai）阿姨、你班（Ben）伯伯辯論時問過。我找答案的地方包括教室、街頭、國族主義迷思，更踏上其他大陸尋答。這問題無解，卻也不是徒勞無功的清談。在反覆質問、在面對我國暴行的過程中，最豐厚的回報是，我不再受制於幽魂，能壯膽對抗魂體分離的椎心恐懼。

我內心有份恐懼。每當你不在我身邊時，這份恐懼感加劇。但早在你出生之前，我已有這份恐懼心，而且有同樣感受的人不獨我一個。在你這年紀，我認識的人全是黑皮膚，無一沒有巨大、頑強、險惡的恐懼心。我在童年見慣了這份恐懼，只是當時見了不一定知道是。

恐懼總在我正前方。恐懼出現在我家附近打扮太花稍的男孩身上，出現在他們的大耳環和掛牌飾品上，出現在蓬鬆大外套和皮草領的全身皮衣上，這種裝束是他們迎戰世界的盔甲。他們站在葛溫歐克（Gwynn Oak）街和自由（Liberty）街交叉口，或冷泉區（Cold Spring），或公園崗（Park Heights），或站在孟度明（Mondawmin）購物商場外，雙手插在羅素運動衫口袋裡。如今，回想起那些男孩，我只見到恐懼，只見到他們壯膽對付悲慘往昔的幽魂——他們的祖父被密西西比暴民包圍，有些人的黑肢體被焚燒，然後被砍掉。這份恐懼逗留在他們熟習

的波普（bop）節奏裡、鬆垮牛仔褲上、大T恤、刻意歪戴的棒球帽，種種舉止與服裝，無不意在引人相信，這些小子緊緊擁有他們欲求的一切。

在他們的戰爭習俗裡，我也見到恐懼。在我五歲不到的時候，家住伍德布魯克（Woodbrook）街，有天我坐在前門階上，看著兩個打赤膊的男孩近距離兜著圈圈走，不時以肩膀互相牴撞。打從那一刻起，我就明瞭，街頭戰自有一套儀式，自有它們需要的法則規範，能檢證黑人青少年軀體的所有弱點。

在我最早認識的音樂裡，我聽出那份恐懼。音樂來自手提式立體聲音響，充滿吹噓和狠話。站在公園崗的蓋瑞森（Garrison）街和自由街交叉口的男孩喜愛這種音樂，因為歌詞告訴他們，儘管證據再多，運勢再背，他們仍能主宰自己的生命、自己的街頭、自己的軀體。我見到女孩身上有那份恐懼，大剌剌的笑聲裡也有，能報上她們名號三次的竹紋鍍金耳環上也有。從他們蠻橫的言語、冷血的凝視裡，我也看見那份恐懼，知道他們能以目光傷人，能因你玩得太兇而以言語置你死地。他們會警告，「少講我閒話。」放學後，我會觀望著他們，看他們像拳擊手對槓，抹凡士林，摘掉耳環，穿著Reebok球鞋，撲擊對方。

我祖母住費城，小時候我去拜訪她時，也感受到那份恐懼。你沒機會認識她。我對她的認識也很淺，但我記得她態度剛強，語調粗暴。我知道，我祖父死了，我伯父奧斯卡（Oscar）死了，伯父大衛死了，三人全是橫死。我也在父親身上看到那份恐懼。他疼你，教誨你，塞錢要我好好照顧你。我父親恐懼得不得了，我從他黑皮帶抽打出的辣痛裡感受得到。他出手的情緒是焦慮多於憤怒，打我是擔心我被人搶走，因為這種事確實就發生在我們周遭。不知為何，家家都有小孩死在街頭，或被關，或染上毒癮，或淪為槍械的冤魂。據說，這些迷途少女甜美如蜂蜜，狠不下心打蒼蠅。據說，這些迷途少年剛考到高中同等學力證明，才開始踏上正道。如今，他們走了，徒留一大片恐懼。

這故事有沒有人告訴過你？你祖母十六歲時，有個年輕人來敲她家門，他是你姨婆裘（Jo）的男朋友。當時只有你祖母在家。她請這位年輕人進來坐，讓他等裘回家。先回家的人竟是你曾祖母。她對年輕人下逐客令。然後，她把你祖母打得七葷八素，威脅下次再犯就要她的命，好讓她記住喪失軀體是多麼容易的事。你祖母一輩子記在心裡。我記得，她牽我過馬路時，把我的小手握得好緊。她常警告我，假如我敢鬆手、被飛車撞死，我會被她毒打到復活。我六歲那年，我爸媽帶我去附近的公園，我溜出他們的視線，找到遊樂場，他們忙著找我，著急了幾分鐘。終於逮到我時，我爸做出我認識的所有父母都會做的舉動——伸手抽出他的皮帶。我記得當時看著他，愣住了，訝異於犯行和懲罰之間的距離多短。後來，我常在我爸的言語聽出那份恐懼——「他不是挨我揍，就等著挨警察揍。」救我一命的或許正是這句話。或許不是。我只知道，從那份恐懼感冒出來的暴力猶如起火生煙。而那種暴力即使是基於恐懼心和父愛，究竟是能觸動警鈴，或是害我們在逃生口被薰死，我無法判定。我只知道，兒子頂嘴，挨父親揍一頓後，從此被放棄到街頭，男孩們在黑街實行與承受同樣的正義是非。而我知道有些母親常拿皮帶抽女兒，但皮帶也無法從年齡多出女兒一倍的藥頭手裡救出她們。身為兒女的我們以最黑色的幽默應對。我們站在巷子裡，對著空木箱投籃球，嘲笑著五年級男生在全班面前被母親打得討饒的模樣。我們坐上五號公車，前進鬧區，笑談某個女生的母親能隨地找東西打女兒——粗電線、延長線、大鍋子、平底鍋。我們嘴巴笑著，我心裡卻明白，我們全懼怕那些愛我們最深的人。在瘟疫猖獗的年代，古人以鞭笞自身的舉動自保，我們父母打小孩也基於同樣的道理。

我童年時，在巴爾的摩，身為黑人，相當於在風雨中打赤膊，面對刀槍、拳頭、快克、性侵、疾病。這種裸體感並非一種錯誤，也不是病態。這種裸體感是政策有意導致的正確結果，是幾世紀被迫活在恐懼裡的人可預測的結局。在我童年，法律對我們毫無保障。如今，在你這時代，法律成了警察攔你搜身的藉口，成了進一步攻擊你軀體的遁詞。在這樣的社會裡，有學校，有公家補助購屋貸款，有代代相傳的財富，羅織成安全網，讓部分人民獲得保障，卻只能以刑法的棍棒保護你。這樣的社會若非在體現善意方面失敗，就是成功達到了更加黑暗的目標，其結果是讓我們面對惡勢力時顯得羸弱。惡勢力是白是黑，並不重要——重要的是我們的現狀，重要的是現行體制讓你的軀體不堪一擊。

這些作用力的出現，這一連串重大變化，一一在我人生過程中開展。這些變化仍開展中，可能延續到我死為止。十一歲那年，我站在7-11便利超商前的停車場，看著一群年紀比我大的男孩站在路旁，叫囂著，指著……誰？……指著一個年紀較小的男孩，和我差不多，站著，近乎微笑著，果敢地舉起雙手。他那天即將教我的學問，他早已學到：他的軀體時時處於險境。沒人知道他從哪裡學到的。從貧民國宅、酒鬼繼父、被警察打得腦振盪的哥哥、或被關進市立監獄的親戚吧？他寡不敵眾，這並不重要，因為全世界人口老早就超越他了，何況，數字又能代表什麼？眼前的一戰，爭奪的是他的軀體，而他一輩子勢必也將打同樣的一戰。

我呆立幾秒，對那群大男孩的服裝時尚感暗暗稱奇。他們全穿滑雪夾克——在我那年代，身為母親的人在九月向服飾店預訂這類商品，然後猛加班分期付款，以便在耶誕節之前繳清，包成禮物。我的焦點集中在一個皮膚稍白的男生。他的頭形長，眼睛小，怒視著站在我附近的小男孩。時間是下午接近三點，我就讀小六，剛放學，當時仍不算初春適合打架的天氣。大男孩對小男孩兇什麼兇？誰曉得呢？

小眼男孩伸手進滑雪夾克，掏出一支槍。在我回憶時，這一幕以慢動作進行，宛如夢境。小眼男孩舉槍站著，一下子慢慢亮槍，一下子收槍，隨即再度亮槍。我看見，他的小眼冒出一股烈火，能在轉瞬間銷毀我的軀體。那年是一九八六。那一年，凶殺案頻傳，我覺得快被新聞報導淹沒了。我當時知道，這一類凶殺案往往殺錯人，誤殺姨婆、參加家長教師聯誼會的母親、加班的伯叔舅、歡樂兒童，殺得隨機而殘酷，如同一陣陣暴雨襲身。我當時懂這概念，卻無法當成事實來瞭解，直到小眼男孩隔著小男孩正對我，以小手握住我的全身。小眼男孩沒有開槍。他被朋友制止了。他不必開槍。他已確認我的位階了。他已讓我知道，我被盯上是多麼輕而易舉的事。事後，我搭地鐵回家，獨自消化著整件事。我不敢告訴父母。我不敢告訴老師。如果我對朋友透露這事，一定會掰得手舞足蹈，以掩飾當時沖昏我腦袋的那份恐懼感。

我記得當時感到驚奇的是，幾個男孩，在一個平平常常的下午，死神竟然能輕易鑽進來，像一抹薄霧一樣瀰漫。我知道，在我住的巴爾的摩西區，在我親戚住的費城北區，在我父親友人住的芝加哥南區，這些地方構成一個截然不同的世界。在蒼穹之外，在比小行星帶更遠的宇宙，另有幾個世界，其中的兒童不必經常擔心軀體受侵害。我明瞭這一點，是因為我家客廳有一臺大電視，我晚上會坐在電視機前，見證天外世界傳來的訊息。在那一個世界裡，白人男童收集了成套的美式足球卡，唯一的心願是交到超人氣女友，唯一的顧慮是摸到毒櫟。天外的那世界位於郊區，無限寬廣，作息圍繞著美式燉牛肉、藍莓派、煙火秀、冰淇淋聖代、潔淨無瑕的浴室、以及在有樹林小溪和峽谷的後院蜿蜒前進的玩具小火車。見到天外來的訊息，我和土生土長的世界相比，漸漸明瞭到，我的國家是銀河系，從群魔亂舞的巴爾的摩西區延伸到情境喜劇《貝福地先生》（*Mr. Belvedere*）的歡樂天堂。外太空和我的世界相隔多遠？我絞盡腦汁想弄個清楚。我知道，在美國銀河系的我這一地帶，軀體被甩不掉的地心引力奴役著，屬於黑人區，而銀河系無拘無束的另一區不是。我知道，有某種深奧難解的原動力，維護著兩區之間的牆。我仍無法理解，但能隱約意識到天外世界和我之間的關係，愈想愈覺得宇宙不太公平，太殘酷無情，心中因而漲滿一股持久而無法壓抑的欲望，嚮往著突破我一身的桎梏，油門一直踩到可以掙脫地球的速度。

你是否也有相同的嚮往？你的生活和我的童年天南地北。真實世界、全世界何其浩瀚，你已明白。你不必靠天外訊息認識這世界，因為你見過太多美國銀河系的景象，能近距離接觸其居民、住家、嗜好。你的童年有個黑人總統當家，有社交網站和無所不在的媒體，隨處可見黑女人展現天然的頭髮，我不知道在這種環境長大的滋味是什麼。我知道的是，麥可．布朗的兇手被放走時，你說，「我看不下去了。」這話令我心如刀割，因為儘管我倆的世界互異，我在你這年齡時也有完全相同的感觸。我回想到，即使在童年，我仍未開始想像我們被什麼樣的危機纏身。你仍相信，正義未獲得伸張的人是麥可．布朗。你尚未釐清個人的迷思，尚未整理自己的敍事法，尚未發現我們四周到處是劫掠。

在我有辦法發現之前，在我能逃脫之前，我必須求生，而唯一的求生之道是和黑街正面衝突。我指的黑街不僅是實體的街區，不僅指在裡面衣食住行的人，也泛指看似從柏油路蒸發出來的種種致命疑團和詭譎險局。黑街把尋常的每一天轉化為腦筋急轉彎的問題，答錯一次就等著挨揍、吃槍子、或受精懷孕。沒有人能全身而退。然而，這種無時不有的危機蒸散出的熱氣，這種出生入死的生活型態激盪出的亢奮，令人神魂顛倒。饒舌藝人自稱沉迷於「黑街」或愛上「遊戲」，指的正是這種感受。我猜想他們的感覺近似攀岩、高空跳傘、定點跳傘等運動，選擇活在生死邊緣的人都明瞭。當然，你我無從選擇起。有黑人同胞侈言全市歸他「管」，更扯的是全市由他「擁有」，我從不願苟同。黑街不是我們設計的。街頭也不是你我資助出來的產物，不由我們負責維護。儘管如此，我待過黑街，和所有人一樣肩負自保的責任。

結夥行動的年輕人把恐懼質變為怒火，他們才是最險惡的危機。一票人在自家地盤附近走動，嗓門大，態度粗魯，因為唯有仗著大嗓門的粗魯態度，他們才能體會些許安全感和力量。他們揍爛你肥幫子，踐踏你的臉，槍斃你，才感受得到那股力量，才能陶醉在個人軀體施展的威力。而他們陶醉得如癡如狂，做出驚天動地之舉，大名才能響噹噹。覆轍重蹈，惡行再三出現。因此，在我的巴爾的摩，人盡皆知的準則是，一遇到治安混亂區櫻桃丘（Cherry Hill），就會繞道而行；北街和普拉斯基（Pulaski）街的交會點不是十字路口，而是一場颶風，過境之處只留殘瓦碎木。因此這些住宅區的安全節節下降，住在那裡只能明哲保身。舉例來說，大家當心別招惹喬喬，因為他是吉翁（Keon）的親戚，而吉翁是莫菲國宅社區（Murphy Homes）的老大。在其他城市，在諸多巴爾的摩們，各區的名稱不同，不良少年的名字也不同，但他們的使命不變：以暴力手段證明地盤和軀體不容侵犯，動不動打斷人膝蓋、肋骨、手臂，暴戾風氣猖獗，乃至於現在隨便問一個當時在都市長大的黑人，對方都說得出哪一幫的地盤在哪一區，說得出所有手下大將的名字和所有親戚的名字，更能主動細數他們的事蹟。

為了在各派的地盤求生，為了自保，我學會另一種語言，懂得基本的點頭法和手勢。我熟記哪些地盤是禁忌區。我得知打架天的氣味和氛圍。我也得知，「矮子，讓我看看你的腳踏車，可以吧？」絕非誠心問的問題。「Yo，你惹到我親戚了」既非認真的指控語，也非誤解事實。聽到這些召喚，回應的方式是左腳踏向前，右腳後退一步，舉雙手護臉，一手稍低於另一手，比出扣板機的樣子。另一種回應法是快閃，鑽進小巷，穿越陌生人家後院，奔進自家門，推開弟弟，回自己臥房，從羊皮大衣裡、彈簧床墊下面、愛迪達鞋盒裡取出工具，然後找來自己的親戚（其實不是），回到剛才的地方，在同一天，面對同一票傢伙，放聲說，「來呀，黑鬼，想怎樣？」學習這套法則的往事歷歷在目，居然比我認識顏色、圖形的過程更鮮明，因為這套法則與我軀體的安危息息相關。

我認為這一點是你我之間的一大差異。你對舊法則有些許認識，但那套法則對你沒有那麼重要。我相信，你偶爾在地鐵或公園遇過惡霸，但我在你這年齡時，日復一日，大腦有整整三分之一盤算著：找誰一起走路去學校？同伴的確切人數有多少？走路的姿勢如何？微笑多少次？該對誰或什麼東西微笑？誰會打人，誰不會打人？這一切意味著，我熟習黑街文化，而這文化的首要任務是自保。我不嚮往那段日子。我無意把你鍛練得「強悍」或「骨硬皮厚」(street)，也許是因為我就算「強悍」，也是在不甘不願的情況下培養出來的。我認為，冥冥之中，我一直知道這代價多高。我認為，我冥冥之中知道，腦筋假如不必挪出三分之一去擔心，我應該能思考一些更美好的事物。我認為，有某種外在的作用力，一種沒有名稱而廣大的東西，剝奪了我的……什麼？時間嗎？或是經驗？我認為，你知道那三分之一的頭腦能改做什麼事。我認為，你或許因此比我更想逃離這一切。不食人間煙火的生活多美妙，你見識了不少，而你卻明白你和崔旺・馬丁（Trayvon Martin）之間的實質距離是零。高中生馬丁被鄰里守望隊員槍殺，必定令你膽寒，遠勝過馬丁事件讓我產生的恐懼。軀體被毀損時，喪失的不只是生命，你已經見過了。

黑街不是我唯一的麻煩。假設我雙腳各套著一副腳鐐，我的右腳被黑街套住，左腳則被學校套住。搞不懂黑街，等於是當下放棄自己的軀體；搞不懂學校，等於是以後放棄自己的軀體。我在這兩副腳鐐的鉗制下受苦，但我對學校的憎恨最深。黑街的法則既與道德無關，且講求實用，毫無神聖之處。去參加舞會時，一定要找同夥人一起去，這道理就和遇雪穿靴、遇雨撐傘一樣，全是針對明顯事物設定的法則，每次去「雪克與貝克」(Shake & Bake)溜冰遊樂場，每次搭公車進鬧區，同樣是重重危險。反觀學校，學校的法則針對的是遙遠、模糊的東西。長輩叮囑我們，「長大後做個有用的人」，這話究竟是什麼意思？教育淪為讀死書的制度，究竟跟「做大事」有何關聯？在我的巴爾的摩，受教育多半表示必帶二號鉛筆去上學，靜靜用功，在走廊行進時單縱列靠右走，想上廁所要舉手，而且去的時候要帶著通行證。受過教育的兒童絕不講藉口——也絕對沒有童年。這世界懶得賦予黑人男孩女孩一個童年，學校哪來的本事？與其說代數、生物、英語是科目，倒不如說是好好管教軀體的機會，讓學生練習寫言不及義的文章、工整抄寫指令、死背一些用來代表萬物的定理。我覺得，這一切都和我距離遙遠。記得七年級的我，坐在法文課堂上，不懂學法文到底有啥用。我又不認識法國人，而我周遭的人事地物也無法預見我有認識法國人的一天。法國是一顆在別的銀河系裡運轉的巨岩，繞著另一顆恆星，自有另一片我永遠碰不到的天。我上法文課的目的究竟是什麼？

這問題一直苦無解答。我是個好奇的小男生，但學校不在意學生有無好奇心。校方在意的是順從心。我有幾個值得我敬愛的師長，但我沒辦法說我真正相信他們任何一個。我離開學校幾年，大學中輟後，饒舌歌手納斯（Nas）的歌詞打動我的心：

搖頭丸、古柯鹼，你說是愛，其實是毒藥。
老師說它們該被燒掉，學校其實是毒藥。

這段能適切描寫我求學的心情。我當時覺得，學校有事情瞞著學生，以虛假的道德觀對我們灌迷湯，讓我們變瞎子，讓我們不質疑：為什麼對我們而言，自由意志和自由精神的另一面是軀體受攻擊？這種憂慮並非誇大其詞。長輩給我們學校時，給的並非一個追求高深知識的環境，而是一種逃生管道，一種逃離量販式刑罰的方法。中學中輟的黑人青年當中，有整整六成會鋃鐺入獄。這種事應該讓國人蒙羞才對，但美國不覺得丟臉。儘管我無法分析這數字，也無法深究歷史淵源，我當時意識到，學校無法解釋巴爾的摩西區盛行的恐懼感是何物。學校不揭露真理，它們隱瞞真理。也許學校應該燒光光，以便曝露這東西的核心。

我一來在學校不適應，二來又不想適應學校，三來又缺乏在黑街觸類旁通的機智，因此覺得找不到自己的逃生口。老實說，也沒有人找得到各自的逃生口。膽大妄為的男孩女孩動不動打架，找親戚和同夥助陣，最後還可能掏槍，似乎對黑街瞭若指掌，可惜他們的知識在十七歲時達到巔峰，一離開父母家就發現，美國也有槍和親戚。我在二十八號公車上，見到他們的未來，寫在充滿倦意的少婦臉上，見少婦對三歲兒女打罵。我見到他們的未來，映照在街角無聊男子的身上，見他們對著少女爆粗口，只因少女不肯笑一個。有些人站在酒品商行外，等人賞幾元買一瓶。我們會拿出二十元給他們，叫他們零錢自己留著。他們會衝進店內，買瘋狗（Mad Dog）或希斯可（Cisco）便宜加味酒或紅牛，然後我們走回朋友家，趁母親上晚班，大放〈操他們的警察〉（Fuck tha Police）歌，喝酒敬青春。我們出不去。我們走的路，步步有陷阱。我們呼吸的空氣含毒性，喝的自來水有礙我們成長。我們出不去。

目睹小眼男孩拔槍的一年後，我因被另一男孩搶我東西而挨父親揍。兩年後，九年級的我對老師撂狠話，再挨父親揍。不夠兇悍，可能賠上我的軀體；太兇悍，也可能賠上我的軀體。我們出不去。我是個能力不錯的男生，頭腦聰穎，人緣佳，心裡卻恐懼地不得了。我隱約有一種言語無法形容的感覺，認為小小年紀就注定這樣過一輩子，注定強迫活在恐懼中，未免太不公平了吧。這種恐懼感來源何在？黑街和學校大玩障眼法，究竟隱瞞著什麼真相？二號鉛筆、動詞變化、畢氏定理、比手勢、點頭，這些東西為何能決定生死，為何能形成一道道隔絕我和外界的布幕？

我無法進教堂去委身於宗教的奧祕，因為我父母摒棄所有教條。我們也一概排斥向白人看齊的族群對我們行銷的假日。他們唱聖歌時，我們不願起立。我們不肯在他們的上帝面前下跪。因此，我感受不到任何一個公正的上帝與我同在。「順從者將繼承地球」對我毫無意義。順從者在巴爾的摩西區挨打，在沃布魯克交會口（Walbrook Junction）被踐踏，在公園崗被棒子捶，在市立監獄的淋浴間被性侵。我對這宇宙的瞭解僅止於感官，而其道德軌跡偏向亂局，終站在棺材裡。小眼男孩在亮槍之際，在他顯露他有權力征服軀體、把其他小孩趕進陰間之際，傳達的正是這訊息。恐懼感統治我周遭萬物，而所有黑人和我一樣，都知道這份恐懼牽涉到外界的那場大夢，涉及圈外那群無憂無慮的男孩，涉及美式燉牛肉和水果派，涉及每晚藉電視放送的白漆圍牆與青翠草坪。

我是怎麼知道的？宗教無法教我。學校無法教我。黑街只讓我看見日復一日的紛擾，見不到遠景。而我是個好奇心強烈的小孩。這和我的成長環境有關。我才四歲，你祖母就教我識字。她也教我寫東西，用意不只是把幾個句子拼湊成連續幾個段落，也用來調查。當我在學校惹事時（常有的事），她會逼我寫報告，叫我回答一連串問題：我為什麼想在老師上課的同時講話？我為什麼不相信老師值得尊重？我自己講話時，期望別人有什麼舉動？下次上課時，我又忍不住想跟同學講話，該怎麼辦？我也曾叫你寫過同樣的報告，用意不在於這種報告能規範你的言行——我小時候寫的報告再多也沒用——用意在於這種報告誘發我最早期的質疑，觸發我的意識。你祖母不是想教我上課守規矩，而是想教我如何無情審問一個最能引發同情和辯解的人——我自己。我學到的教訓是：我不是個純真無邪的人。我的七情六慾並非充滿剛正不阿的美德。既然我和所有人一樣都是凡人，我的這一點必定也和其他凡人一樣。如果我不純真，那麼他們也不純真。動機不純正，是否也能影響他們訴說的故事、他們建造的城市？是否影響到他們自稱是上帝賦予的國家？

現在，這些問題開始在我心中灼燙。我四周多的是能研究的材料，全是你祖父收集的書。他當時在霍華德（Howard）大學摩爾倫—史賓葛恩（Moorland-Spingarn）研究中心擔任研究圖書館員，該中心的非洲學資料數量在全球數一數二。你祖父熱愛書籍，至今熱度不減，家裡藏書無數，有黑人寫的書，以黑人為主題的書，寫給黑人看的書，書架裝不下，客廳擺不下，成箱成箱搬進地下室放。我爸是黑豹黨（Black Panther Party）的地方幹部。我遍讀老爸有關黑豹黨的書，以及他收藏的舊黨報。我迷上他們的槍，因為槍顯得真誠，槍似乎能以母語——暴力——對這國家演說，而這國家發明了黑街，派專制警察捍衛黑街。我拿黑豹黨和學校教我的英雄相比。所謂的英雄英雌都令我覺得荒謬，和我所知的一切背道而馳。

每年二月，全班被趕進禮堂溫習民權運動的史實。老師教我們向自由遊行隊伍看齊，學習自由乘客（Freedom Riders）[1]和自由之夏（Freedom Summers）[2]的榜樣。整個二月，影片一齣接一齣，似乎全讚頌在鏡頭前挨打的榮耀。這些影片裡的黑人似乎總愛人生裡最慘痛的事物——愛一些把小孩咬得支離破碎的惡犬，熱愛能刺痛肺葉的催淚瓦斯，熱愛能沖破他們衣物、沖得他們倒在街上的消防水柱。這些黑人似乎熱愛強暴他們的人，熱愛咒罵他們的女人，熱愛對他們吐口水的小孩，熱愛轟炸他們的恐怖分子。**學校為什麼放這種片子給我們看？**為什麼唯獨我們的英雄崇尚非暴力？我的重點不在於非暴力的道德情操，而是在於，黑人何以特別需要這一種道德情操。在當時，我只能以個人所知來衡量這些熱愛自由者，而我的所知僅限於便利超商停車場上的惡少、揮舞延長線的父母、「來呀，黑鬼，想怎樣……」。我依據我所知的國家來評判他們，而我所知的國家藉殺人來奪取

土地，藉奴隸耕作。我所知的國家派兵四處出征，擴展霸權。這世界，真實世界，是一個藉野蠻手段取得並統治的文明。這種人的價值觀如此邪惡，廣受社會蔑視，學校怎能歌頌這些男男女女的英勇？學校明明知道這些人的所作所為，怎能把我們送上巴爾的摩街頭，然後高談闊論著非暴力？

我漸漸明瞭，黑街和學校是同一頭猛獸的兩隻手，一個享受國家賦予的權力，另一個享受國家默許的縱容。但是，恐懼與暴力是兩者的武器。在黑街失足，幫派會順勢抓住你，奪取你的軀體。在學校被當，你會被勒令休學，被逐回黑街，讓幫派奪取你的軀體。我開始認清這兩隻手的關係——學業不及格的人會為自己淪喪黑街自圓其說。社會可以辯說，「他應該留在學校才對，」然後洗掉手上的血跡了事。

師長「本意」高不高尚，並不重要。甭提本意了。任何機構，或機構內的任何行事者，他們對你的「本意」是什麼，都在其次。我們的世界是實體世界。好好學習防守——不必管腦袋裡的東西，只要看緊軀體就好。極少數美國人敢直言贊成放黑人在街頭自生自滅。但是，有極大多數的美國人願盡其所能維護大夢。沒有人直言學校的宗旨是推崇失敗和毀滅。我們立國治國的原則是惡意撇清責任，國內卻有眾多教育人士愛談「個人責任」。「本意」與「個人責任」的用語重點在於概括式脫罪法。錯誤難免有。軀體難免受損。人難免受奴役。我們的本意良善。我們盡了最大能力。「良善的本意」是走廊通行證，讓人在歷史暢行無阻；是安眠藥，讓人安穩做大夢。

如今似乎刻不容緩的是檢視學校傳授的故事，反覆不斷加以審問。原本不問為什麼，事後才問，這種做法感覺不太對。我帶著這些疑問去問父親，經常被他拒答，聽他介紹我讀更多書。我母親和父親老是拒讓我聽信二手解答——連他們聽信的解答也一樣。我好像至今從未自行找到滿意的解答。但同樣的疑問每問一次，問題變得更精準。老長輩教我們要有「政治覺醒」，精華就在這裡。「政治覺醒」既是一連串的行動，也是一種狀態，一種不斷質疑的動作，把質疑當成儀式，把質疑當成勘察，而非求取定論。我釐清了某些事：維護國家底盤的暴力，在黑人歷史月張牙舞爪的暴力，以及「來呀，黑鬼，想怎樣」的近身暴力，兩者並非毫無關聯。而這種暴力並不神奇，是一體的兩面，而且是有計畫的。

然而，計畫到底是什麼？為的是什麼？我非弄清楚不可。我必須走出去……但走進哪裡？我飽讀書籍，因為書是門框滲進來的光芒，而門外或許別有洞天，門外世界或許能擺脫那種支撐大夢的揪心恐懼。

在意識萌發過程裡，在這段強烈質疑期間，我並不孤單。有些種子在一九六〇年代落地，被許多人遺忘了，當時在遍地發芽結果。麥爾坎．X（Malcolm X）那時已作古二十五年，藉著徒弟號召的幾場小聚會而重返人間。嘻哈樂手引述他的名言，摘錄他的演講穿插成間奏，在音樂錄影帶裡閃現他的肖像。那時是一九九〇年代初，我接近離家自立的階段，思索著在外生活的問題。假如當年的我能自選一面旗幟，旗面一定繡著麥爾坎的畫像，穿西裝打領帶，一手剝開窗簾，另一手拿著步槍。這幅圖像能傳達我追求的心願——自持、聰穎、無畏。北街有一家黑人書局，名叫人人寶地（Everyone's Place），我去買麥爾坎的演講錄音帶——「傳給草根派的訊息」（Message to the Grassroots）、「選票或子彈」（The Ballot or the Bullet），用隨身聽放著聽。在我認識黑人歷史月歌頌的英雄之前，我感受到的苦悶全精煉在這裡，適合引用。「別放棄你的人生，保存你的人生。」他說。「如果非放棄不可，一定要誰也不欠誰。」這不是吹噓，而是一份平等宣言，根源不在善良天使或無形的鬼神，而是源於黑軀體的聖潔。你維護你的軀體是因為你的生命、你的軀體和任何人一樣好，是因為你的鮮血和珠寶一樣珍貴，永遠不應為了魔法、為了遙想來世的聖歌而出賣自我。你不能把珍貴的軀體送給阿拉巴馬州伯明罕（Birmingham）警長的警棍，不能屈從於黑街險惡的牽引力。黑是美麗的，換言之，黑軀體是美麗的，黑頭髮必須好好保護，不受燙整和含鹼直髮霜的折磨；黑皮膚必須好好保護，不漂白；我們的口鼻也必須受保護，不接受現代手術。我們全是美麗的軀體，因此必須永不臣服於野蠻人，必須永不輕言放棄原來的自我，不放棄獨特獨立性，不任其受汙損掠奪。

我敬愛麥爾坎．X是因他從不說謊，他不像虛有道德表象的學校，不像大話滿滿的黑街，不像夢想者的世界。我敬愛他，因為他用語淺白，絕不虛無飄渺或深奧，因為他的科學不以怪力亂神為根基，而是扎根於具體世界的所作所為。麥爾坎是我認識的第一位務實政治家，是我聽過的第一位老實人。對於自信是白人的族群，他才不管他們大夢做得舒不舒服。如果他憤怒，他據實說出來。如果他痛恨，他痛恨是因為奴隸恨奴主是人之常情，和普羅米修斯痛恨啄食他器官的野鳥一樣自然。他不會挨一巴掌後讓人再賞他一巴掌。他不肯為人自我改進。他不肯成為你的道德觀。麥爾坎的言語像自由人，不肯臣服於扼殺想像力的法則。我認同他。我知道他惱怒於學校，他幾乎栽在黑街，但我對他認識更深的是，他在監獄自修時發現自我，出獄後，他繼續行使舊有的力量，以宛如擁有軀體自主權的態度發言。「如果你是黑人，你在監獄裡誕生，」麥爾坎曾說。我感受到此言真諦的時地，是在我當心勿闖的地段，在我放學回家當心不要被逮到的時段，在我無法控制自己軀體時。也許，我也能自由自在生活。也許，我也能仗勢著讓先人生龍活虎的舊有力量，效法帶動黑奴反撲的奈特・杜納（Nat Turner）[3]、主張廢奴的海莉・塔布曼（Harriet Tubman）[4]、牙買加民族英雄卡鳩（Cudjoe）和女王奶奶（Nanny）[5]、麥爾坎・X，化言語為行動，宛如擁有軀體自主權。

透過讀書，透過自修和探索，我期許自己像麥爾坎一樣自我改造成功。也許將來我能寫些擲地有聲的東西。我自幼讀寫的東西全超出課業範圍。當時我已開始亂寫饒舌歌詞和新詩。那時代瀰漫著復古的風氣，提倡返樸歸真，盼能追回在一味衝刺向前時失落的一部分自我。

這份佚散的精髓能解釋小混混為何站街角，小孩為何生小孩，從嗑藥嗑昏頭的父執輩到愛滋病毒，乃至於麥可・傑克森漂白皮膚，一切都能解釋。佚散的部分與我們的軀體被掠奪有關。想對軀體任一部分宣示主權——保護我們的雙手是我們的，挺直我們腰桿的脊椎是我們的，指引我們前進的頭腦是我們的——這些不是不爭的事實。這是在「百萬人大遊行」(Million Man March）之前兩年的事。[6]幾乎日復一日，我播放冰塊酷巴（Ice Cube）的《死亡證明書》（*Death Certificate*）專輯：「讓我過我的生活。如果我們無法再過自己的生活，讓我們奉獻生命，協助解放並拯救黑人民族。」公視紀錄長片《民權之路》（*Eyes on the Prize*）裡探討黑人權力的幾集成了我每週必看的節目。我父親那一代的陰影，富列德・漢普頓（Fred Hampton）和馬克・克拉克（Mark Clark）[7]在我心中縈繞。同樣縈繞我心的陰影是麥爾坎犧牲軀體，以及亞提卡（Attica）監獄暴動事件[8]和民運領袖史托克利（Stokely）。[9]我心神不寧是因為我相信，我們把自己留在那時代，任憑FBI反情報計畫（COINTELPRO）、黑人集體遷居郊區、毒品氾濫整垮我們，[10]如今快克猖

Basil Davidson
The African Genius

獗，我們僅剩恐懼感。也許，我們應該回歸過去。我聽到有人呼籲「保持自我，真實為重」，訴求的正是這一點。也許，我們應該回歸自我，回歸原始的街頭，回歸不修邊幅的模樣，回歸粗魯的頭髮。也許我們應該回歸聖地麥加。

我心目中的聖地只有一個，永遠是霍華德大學。我曾多次嘗試對你解釋這道理。你說你聽進去了，說你瞭解了，但我不確定你是真懂假懂，不確定我獨一無二的聖地能否適切轉譯成你能明瞭的新生代大雜燴語。是否應該轉譯，我甚至不確定。我的任務是對你指引我的來時路，同時讓你走出自己的路。我不可能比你祖父黑，你也不可能比我更黑。儘管如此，我堅持，即使是像你這種大都會男孩，即使在現代，仍有值得追求的東西——一個基地，一座讓你安渡美國風暴的港口。我的見解必定受懷舊與傳統左右。你祖父在霍華德大學上班。你伯父達曼尼

（Damani）、叔父孟納里克（Menelik）、姑姑克莉絲（Kris）和凱麗（Kelly）也是霍華德校友。我在霍大認識你母親、你班伯伯、你卡米拉（Kamilah）和夏娜（Chana）阿姨。

我進入霍華德大學就讀，卻被聖地造就、型塑。聖地和大學之間有關聯，但不盡相同。霍大是高等教育機構，注重LSAT分數、優等生、優等生榮譽會。聖地是一部機器，用意是捕捉並集中所有非洲人的黑能量，直接灌注給學生。聖地的力量汲取於霍大的傳承。在黑人被歧視的時代，霍大坐擁黑人才子才女，近乎壟斷。傳統上，黑人學校如堡壘，散見於黑奴魂不散的南方大荒野上，霍大卻位於俗稱巧克力城的華盛頓特區，能就近援引聯邦權和黑權，因此霍大的校友和教授群能跨越學科和世代——查爾斯·德魯（Charles Drew）、阿米里·巴拉卡（Amiri Baraka）、瑟古德·馬歇爾（Thurgood Marshall）、奧西·戴維斯（Ossie Davis）、道格·瓦爾德（Doug Wilder）、大衛·丁肯斯（David Dinkins）、露西兒·科里夫頓

（Lucille Clifton）、童妮．摩里森（Toni Morrison）、匡米．圖瑞（Kwame Ture）。[11]歷史背景加上地緣，再佐以校友，創造了聖地，蔚為普世黑人僑民的集散重鎮。

校園中央有一片綠地，適合學生聚集，簡稱中庭（Yard），我在此首度見證到這股勢力。我原本對我本身的所知頓時擴大了，多元到似乎無止境的地步。我見到奈及利亞貴族後代，穿著西裝，以花式握手法，和穿紫夾克與黃褐色Timberland靴的黑人兄弟會大光頭會員打招呼。我見到非裔衛理公會（AME）牧師的白皮膚後代和奧沙奧塞特派（Ausar-Auset）神職人員辯論。我見到改信穆斯林教的加州女孩，披頭巾穿長裙，脫胎換骨。我見到老鼠會的會頭、迷信基督教旁門左道的人、猶太教狂熱分子、數學天才，感覺就像欣賞一百種不同版本的〈救贖頌〉（Redemption Song）[12]，各版的音色與調性互異。而籠罩這環境的是霍大本身的歷史。我知道，我等於是依循知名先人的步伐前進——童妮．摩里森、左拉．尼爾．何斯頓（Zora Neale Hurston）、斯德林．布朗（Sterling Brown）、肯尼斯．克拉克

（Kenneth Clark）。[13]黑人跨越時空，群聚於此，何其盛大，一般人散步二十分鐘，橫越校園，就能體驗到聖地的氛圍。在道格拉斯（Frederick Douglass）紀念堂前磕牙的學生身上，我看得見這份浩瀚感，因為拳王阿里曾在此向他們的父母發表反越戰演說。在奧德李吉（Ira Aldridge）劇場旁的學生身上，我見到史詩級的風華，因為唐尼・海瑟威（Donny Hathaway）曾在這裡高歌，唐諾・拜爾德（Donald Byrd）曾在這裡聚眾。[14]學生帶來薩克斯風、喇叭和鼓，演奏電影《真善美》主題曲〈我最愛的事物〉（My Favorite Things）或〈總有一天白馬王子會出現〉（Someday My Prince Will Come）。其他學生有的坐到洛克廳（Alain Locke Hall）前草地上，穿著粉紅配綠色的衣物，吟唱著，踏著地，拍著手，踩著舞步。有些人偕室友，從塔布曼（Tubman）中院帶跳繩，來玩花式跳繩。有些人從德魯宿舍（Drew Hall）過來，小帽歪戴，單肩挑背包而來，墜入優美奧祕的節奏口技（beatbox）和韻律裡。有些女生坐在旗杆旁，藤編包裡裝著貝兒・胡克斯（bell hooks）和索妮亞・桑且斯（Sonia Sanchez）的書。[15]有些男生改以西非尤魯巴（Yoruba）語名字自稱，引用弗朗茲・法農（Frantz Fanon）的名句，對女生獻慇懃。有些人學習俄文。有些人在考「骨」研究中心努力。他們是巴拿馬人。他們是加勒比海巴貝多人。有些人來自我連聽都沒聽過的地方。但所有人都熱力四射，甚至洋溢異國風情，而其實我們全出自同一部族。

黑人世界在我眼前擴展，我這時領悟到，世界不只是一張自認是白人族群的負片。「白人美國」是一個共同體，用來維護你我軀體的獨家宰制權。有時候，這種權力是直接的（私刑），有時候是陰險的（拒絕服務），但無論是哪一種，宰制力和排除力是白化論的中心思想，一旦缺乏這種力量，「白人」勢必無疾而終。有史以來就有直頭髮、藍眼珠的人種，今後必然永遠都有。但直髮藍眼人當中，有些曾是「黑人」，這現象能指向他們和我們世界之間的大差異。我們的圍牆並非由我們自選，是奴主強加在我們身上的，是想奴役愈多美國人愈好的維吉尼亞州農夫的做法。他們制訂「一滴血區分法」區隔「白人」與「黑人」（按：皮膚再白，只要祖宗八代有黑人，一律被歸類為黑人），哪怕自己的藍眼子孫也會被鞭笞奴役也一樣。結果是形成一個民族，黑人民族，涵蓋各式各樣的人種，生活事蹟也形式互異。透過聖地，我見識到，我們雖然礙於軀體政治而被區隔，卻是見多識廣的國際人種。黑僑散居全球的現象不只是我們自己的世界，在許多方面更代表西方世界。

現在，維吉尼亞農夫的繼承者們既無法在檯面上接受這份傳承，也從來不清算過往的奴役。因此，麥爾坎誓言捍衛的黑人之美，在我童年從不榮登影視之堂，不列入教科書。從耶穌到華盛頓，稍有分量的人全是白皮膚。所以你祖父母才禁止自家小孩崇拜泰山和獨行俠（Lone Ranger），不讓我們玩白臉玩具。祖父母也反對一種歷史書——只提黑人「首位」某某，以引人動容：首位黑人五星上將、首位黑人國會議員、首位黑人市長，全被歸進機智問答的類別，總以困惑的態度呈現。正經的歷史只寫西方史，而西方是白人的天下。我讀過索爾．貝婁（Saul Bellow）的一本小說，忘了是何時何地讀的，只記得當時已就讀霍華德大學，書中有一句最能說透這道理，貝婁諷刺地說：「祖魯人的托爾斯泰是誰？」托爾斯泰是「白人」，因此托爾斯泰「舉足輕重」，而只要是「白人」的東西一概「重要」。這觀點和代代相傳的恐懼感有關，和魂體分離感有關。我們是黑人，在形形色色的人種之外，在文明之外。我們的歷史低人一等，因為我們低人一等，換言之我們的軀體低人一等。構築西方文明的先人值得尊敬，我們的低等軀體豈能獲得同樣的敬意？這麼說的話，若能教化、改進我們的軀體，若能讓基督徒善用我們的軀體，不是比較好嗎？

我不信這一套，改信麥爾坎。我有我的父親和母親。我讀每一期的「The Source」和「Vibe」。我讀這些音樂雜誌不只因為我愛聽黑人音樂，也因為我喜歡裡面的文章。作家葛瑞格．泰特（Greg Tate）、DJ毛主席（Chairman Mao）、德琳姆・韓普頓（dream hampton）不比我大幾歲，卻已經站出去，創造一種我直覺能理解的新語言，分析我們的文藝，我們的世界。本質上，這能為我們文化的分量和美感立論，進而能為我們的軀體立論。在校期間，每一天在中庭裡，我感受到這份重量，見到這份美，不僅僅感受到理論上的東西，更見到具體呈現的事實。我迫切想把這證據傳達給世界，因為我覺得——縱使我並不十分懂——主流文化抹煞黑人之美和扼殺黑人軀體息息相關。

刻不容緩的是提出一套新故事，一套透過我們奮鬥的角度訴說的新歷史。我一直懂這一點，從麥爾坎作品聽出創新歷史的必要，看出父親藏書中探討的需求，從宏偉的書名就看得到——《太陽之子》（*Children of the Sun*）、《庫希特古王國之衣索匹亞聖賢》（*Wonderful Ethiopians of the Ancient Cushite Empire*）、《文明之非洲源頭》（*The African Origin of Civilization*）。這不僅僅記載我們的歷史，更記載著世界的歷史，足以做為我們的武器，遂行我們崇高的理念。這些書是築夢的原始素材。我們的大夢是組成「黑人種族」，從非洲史深掘我們自己的托爾斯泰，探尋黑人創作的歌劇，黑人首創的神祕代數，黑人豎立的雕樑畫棟、金字塔、圓形劇場、道路橋梁。種種創造令我心想，黑人有此家世成就，必定有資格進入文明人種的殿堂。他們有他們的優勝者，我們一定也有。在那階段，我已讀過錢斯勒・威廉斯（Chancellor Williams）、J・A・羅傑斯（J.A. Rogers）、約翰・賈克森（John Jackson）[16]——全部能為黑人的高尚新史奠定規範。從他們的作品，我得知馬利國的曼薩・穆薩（Mansa Musa）是黑人，埃及的沙巴卡（Shabaka）是黑人，阿散蒂王國（Ashanti）的葉雅・阿香提瓦（Yaa Asantewaa）是黑人——我推想，「黑人種族」是亙古以來存在的概念，是真切而重要的概念。

進霍華德大學時，錢斯勒・威廉斯的《黑人文化的滅亡》（*Destruction of Black Civilization*）是我的聖經。威廉斯曾在霍大任教。我十六歲就讀過他的作品。他的高見是歐洲人掠奪了數千年。這理論為我解開幾個困擾已久的疑問——正是民族主義的重點——為我創造我的托爾斯泰。我讀到恩辛加（Nzinga）女王，得知她在十六世紀統治中非洲，抵抗葡萄牙人。我讀到她和荷蘭人談判，荷蘭大使想羞辱她，不請她坐下，她下令一名女資政四肢著地給她當椅子坐，藉以彰顯皇威。我追尋的力量就是這一種，而黑人皇族的故事成為我的一種武器。依我當時構思的理論，黑人全是流亡海角的王君，是全數被剝奪原名，且喪失威嚴的努比亞文化的一個民族。在我凝望中庭時，我領悟到的想必正是這訊息。古今全球各地，有哪一民族比我們更美，足跡比我們更廣？

我需要更多書。霍華德大學裡，藏書最豐富的地方之一是摩爾倫研究中心，也就是你祖父上班的地方。摩爾倫中心有舊檔、論文、收藏品，以黑人為主題或黑人作者的書幾乎應有盡有。我在聖地，最大部分的時間有一套習慣動作——走進摩爾倫閱覽室，填寫三張借書單，借三本書到手，找一張長桌坐下，拿筆和一本黑白寫作簿出來，翻開書閱讀，在寫作簿裡記下心得、生字、自創句。我在早上報到，一次借三本，全是我在課堂上或在中庭耳聞的作者：賴瑞・尼爾（Larry Neal）、艾瑞克・威廉斯（Eric Williams）、喬治・帕德摩（George Padmore）、索妮亞・桑且斯、史丹利・科羅奇（Stanley Crouch）、哈洛德・克魯斯（Harold Cruse）、曼寧・瑪勒波（Manning Marable）、艾德森・蓋爾（Addison Gayle）、卡洛琳・羅傑斯（Carolyn Rodgers）、艾瑟里吉・奈特（Etheridge Knight）、斯德林・布朗。[17]記得我當時相信，人世間的要旨莫過於能分辨「黑人美學」和「黑人文化認同」（Negritude）的差別。追根究柢問，歐洲如何讓非洲淪為第三世界國家？我非知道不可。假設第十八代法老王活到今天，他們會住在哈林區嗎？我非生吞活剝每一頁不可。

初入這趟探索行程時，我想像歷史是一篇連貫一致的敍事文，毫無值得爭辯之處，只要我揭開歷史的面紗，我向來懷疑的一切事物就能豁然開朗，歷史的面貌不再朦朧，操縱學校和黑街的惡人也將無所遁形。但是，知識何其浩瀚——涵蓋的地理何其廣泛——非洲、加勒比海、南北美洲、美國，各地都有歷史，都有一望無際的文學正典、實地考察文獻、種族學。我該從哪裡下手？

幾乎在一開始，我就碰釘子。我找不到一個齊步走、前後呼應的論述傳統，只見派系、派系、派系。何斯頓槓上休斯，杜波伊斯（W.E.B. Du Bois）和馬庫斯·賈維（Marcus Garvey）相爭，[18]哈洛德·克魯斯則對抗所有人。我覺得自己站在大船的艦橋上，控制不了船，因為C·L·R詹姆斯（C.L.R James）是巨浪，貝索爾·大衛森（Basil Davidson）是洶湧的漩渦，沖刷得我站不住腳。短短一星期前，我甫從某本書裡吸收到的信念，如今被另一本書轟擊成碎片。我們是否留存了任何非洲傳統？佛雷澤（Frazier）說，全失傳了，足以證明征服者的惡性。赫斯戈維茲（Herskovitz）說，傳統存活下來了，足以證明非洲精神的韌性。[19]上大二時，我習慣整天思索兩派主張，一下子贊成弗雷格里克·道格拉斯的融入美國論，一下子認同馬丁·迪雷尼（Martin Delany）[20]的遁入民族主義論。也許，這兩派都正確。

我本來想找的是閱兵儀式，想參觀排列整齊的士官兵齊步走，沒想到卻見到祖先打群架，見到大批異議分子，有時候走在一起，有時卻朝反方向前進。

讀累了，我走出校園，去路邊攤買午餐回中庭吃。我常想像麥爾坎身陷囹圄、研讀群書、以肉眼換取翱翔天際的能力。我也自覺受制於個人的無知，受制於疑問——當時受制於缺乏理解力，受制於霍華德大學，我尚未理解發問不只是一種求知法。再怎麼說，它畢竟是一所學校。我想追求事物，認識事物，但我一方面要符合教授的期望，一方面又要滿足個人求知慾，兩勢力相互掣肘。對我而言，求知是一種自由，是宣示個人好奇心的權利，讓我帶著好奇心縱橫書海。我不是枯坐教室的料子，我的歸屬是圖書館。教室是監獄，關著其他人的興趣。圖書館是開放的，無邊無際，自由。慢慢的，我發掘自我，由麥爾坎言論的精華引領我前進。麥爾坎永遠在變，永遠朝真理演進，而這真理遠在他的生命、軀體之外。我覺得自己在動，仍被牽引著，邁向完全擁有自己軀體的目標，但走的卻是我意想不到的路線。

我的探索過程並不孤獨。我在聖地認識班。他和我一樣，來自一個日常生活和大夢迥異的城市，因此他也想尋求解釋。他和我一樣，不懂落差的本質與來源，所以前來聖地探索。我和他同有一份合理的懷疑態度，也深信我們能靠讀書尋求出路。女生欣賞他。有此一說：全地球美女最密集的地方莫過於霍華德大學中庭，我們絕對相信。在這地方被愛是多麼美好的事啊。愛也是我們追求的事物之一——黑人軀體的外在美也是美的一部分，是歷史之美，文化之美，具體之美。班從此和我攜手探索人生。我發現，如果有黑人走過同樣的路，知道路途多遙遠，和他們一同旅行別具一番樂趣。

我常進市區，參加演說會、簽書會、吟詩會，尋覓其他追尋者。我當時仍亂寫新詩，常去附近咖啡廳舉辦的分享會朗讀自己的蹩腳作品。與會詩人多半同對軀體感到自危。所有詩人都比我年長，智慧比我高深，許多人都廣讀詩書，以他們的智慧薰陶我和我的作品。喪失軀體的意義究竟何在？如果每一具黑人軀體都珍貴，都獨立而獨特，如果麥爾坎說得對，如果人應該保存生命，我如何將這些珍貴的生命簡化為籠統的群體，如何將軀體視為掠奪後的殘局？黑人能源的色調深淺互異，各人散發獨特的光輝，我能獨尊誰？我記下寫作要訣，記下如何思考。大夢茁壯的方式是概括論述、對質疑的次數設限、側重速食答案。大夢是所有藝術、勇敢思想、誠實寫作的敵人。漸漸明朗化的是，這道理不只適用在美國人為自我辯解而憧憬出的美夢，也適用於我編織出來取代這些美夢的夢想。我本以為，面對外界，我必須依樣畫葫蘆，照著白人把文明功勞攬在身上的做法描摹。我逐漸明瞭，我應該質疑搶這種功勞的邏輯。母親曾逼我自我質問，我忘了這麼做。或者是，我仍未領悟到自我質問具有什麼更深層的、終生的涵義。我才開始學習留意自己的人性、自己的傷痛和憤怒——我尚未理解，別人穿靴子踩踏你脖子時，你既可能變得更高尚，同樣可能產生妄想。

我漸漸愛上的藝術活在這片虛空裡，活在未知，活在痛苦裡，活在問題中。有些藝文人士能從這片虛空汲取能量，詩人前輩介紹我鑒賞他們的作品——巴伯・麥立（Bubber Miley）、奧提斯・雷丁（Otis Redding）、山姆與大衛雙重唱（Sam and Dave）、C・K・威廉斯（C.K. Williams）、卡洛琳・佛歇（Carolyn Forché）。[21]詩人前輩名叫埃索柏・米勒（Ethelbert Miller）、肯尼斯・卡羅（Kenneth Carroll）、布萊恩・季爾摩（Brian Gilmore）。你有必要認識他們的姓名，並知道我向來無法獨力成就任何事。喬爾・迪亞斯—波特（Joel Dias-Porter）不是霍大校友，但我在學校認識他。記得我曾和他同坐，一起逐行精讀國家桂冠詩人羅伯特・海頓（Robert Hayden）的〈販奴航線〉（Middle Passage）。令我驚羨的是，海頓懂得盡在不言中的竅門，能在不寫苦樂兩字的情況下傳達這兩種情緒，而他的文字能形成圖像，不流於口號。海頓描述販奴航線時，從奴主的觀點揣摩被奴役的滋味。本質上，單獨是這種寫法就能讓我腦筋一時轉不過來。何必給奴主發言權呢？但海頓的詩不發言，他以詩勾起影像：

那股恨意無法以瞪視鎮壓，
監工身受的恐懼亦無法鏈縛。

我並非置身運奴船上。也許我搭的正是運奴船，因為在巴爾的摩，我的諸多感受，例如尖銳的仇恨、對永生的盼望、擺脱時空的意志，全在海頓的作品裡一覽無遺。我在麥爾坎的作品也聽到相同的東西，但從未感受到如此肅靜、純淨、不經修飾的意境。我正在學習寫詩的技巧。多年前母親教過我類似的東西，以寫作鍛練思考，説穿了，學寫詩是同一種教育的密集班。寫詩追求的是精煉真理──籠統無用的字非拋棄不可，而我發現，籠統無用的字和籠統無用的思想脱不了關係。詩不僅是抄寫下來的文字──美妙的寫作鮮少如此。我想學習寫作，最終目標是——仍照母親教過我的方式——勇於面對自己的無知，自己的辯解。寫詩是對思想加工的過程，直到強詞奪理的渣滓脫落，最後只剩人生冷硬如鋼鐵的真理。

這些真理，我在城市詩人的作品裡聽過。它們是由小小的事物組成的——叔舅姑姨、性愛後解菸癮、端廣口瓶坐門階喝酒的女孩。這些真理讓黑軀體超越口號，給予軀體顏色與質地，因此能反映我在校園見到的形形色色。我吟詩談再多槍械或革命，讚頌再多的古非洲失落朝代，也比不上詩人前輩。朗誦結束，我跟著前輩站在U街上，或結伴前往另一家咖啡店，辯論天下事——書籍、政治、拳擊。他們的論點強化了我在摩爾倫研究中心讀到的百家爭鳴傳統，我開始將百家爭鳴、辯論、混亂視為一種力量，甚至連恐懼感也可包括在內。我在摩爾倫裡，在雜亂的心智裡感覺到的紛擾，我學習去安之若素。紊亂、智識暈眩症、啃噬心靈的苦惱，全非警訊，而是燈塔。

我開始明瞭，我接受教育，目標正是引發一種苦惱感，而我受教的過程不會贏得我專屬的大夢，反而會擊碎所有夢想，會破除所有安慰我心的非洲迷思、美國迷思、各地迷思，最後會讓我看盡人性黑暗面。而這世界何其黑暗啊，即使在我們之間亦然。你必須瞭解這一點。

我舉個例子。在當時，我知道華盛頓特區近郊有一大群黑人群居，表面上和任何人一樣擁有軀體自主權。他們住的地區是喬治王子郡（Prince George's County），當地人簡稱「PG郡」。在我看來，那一郡錢多多，居民的住家、後院、浴室都和電視傳給我的訊息相同。PG郡居民以黑人為主，投票選舉自己的民代，但我得知，當地政客監督的警力之邪惡，無異於美國其他地區。我認識的詩人裡，有些來自PG郡，他們的故事讓我大開眼界。詩人對我信誓旦旦說，PG郡警察根本不是警察，而是盜匪、黑幫、槍擊手、掠奪者，披著法律的保護色運作。詩人告訴我這些事，是因為他們想保護我的軀體。但是，故事另有一番啟示：既黑又美不值得洋洋得意。身為黑人並不會為我們打預防針，不會讓我們免疫於歷史邏輯或大夢的利誘。有心成為文字工作者的我必須提防每一個大夢和每一個民族，即使是自己的民族也不得掉以輕心。也許面對自己的民族更需防範，因為自家人更加防不勝防。

我開始意識到，如果我立志爭取真自由，我需要的不只是找一個民族表徵供我崇拜。有這領悟，我要感謝霍大歷史系。我的歷史教授劈頭告訴我，我再追尋迷思也是枉然，我想告訴自己的故事禁不起和現實比對。的確，他們認為有義務打消我以歷史為武器的念頭。他們見過太多麥爾坎追隨者了，因此早有準備。他們的方法粗暴而直接。黑皮膚真能散發高尚氣質？古今都如此嗎？**對**。既然如此，有些黑人實行奴隸制幾千年，出賣同胞到撒哈拉沙漠另一邊，然後再賣到大西洋彼岸，他們也高尚嗎？**他們是詭計的受害者**。同一批黑人王君是人間文明之父嗎？他們既是退位的銀河系主子，也是容易上當的傀儡嗎？此外，我指的「黑人」有什麼涵義？**你知道，不就是黑人嘛**。我是否覺得這是一個不受時光拘束的類別，能包含遠古？是吧？只因我一向覺得膚色很重要，我可以假設膚色在古今都很重要嗎？

記得我修過一門概論課，主題是中非洲，教授是琳達．海伍德（Linda Heywood），個頭瘦小，戴著眼鏡，嗓門高亢，帶有活潑輕快的千里達腔，常拿這副嗓子當鐵鎚，敲醒我這種青年學子，因為我們以為煽動宣傳劇可取代苦讀。她對非洲絲毫不抱浪漫情懷——不對，應該說，她沒有我所設想的那種浪漫。她教到恩辛加女王——我的托爾斯泰，我多想奉女王為表徵。課程上到女王談判時以女資政的背部為椅，教授的用語沒有一絲虛幻光華，等於是冷不防敲醒我：我的軀體隨時有破碎的可能，置身黑街有危險，在學校也充滿恐懼，而在全教室的師生中，我的軀體並非最近似女王，倒比較像被壓垮成椅子的女資政，好讓母儀天下的女王有位子可坐。

我也修了一門十九世紀後歐洲概論課，見到透過「白人」之眼詮釋的黑人，與我至今見過的黑人截然兩樣——那時代的黑人顯得尊貴，像正常人。我記得十六世紀翡冷翠黑人公爵梅迪西（Alessandro de' Medici）的臉色柔和，博斯（Bosch）畫筆下的黑人術士散發皇室尊容。這些是十六、十七世紀的黑人形象，和黑奴盛行之後的作品，和我從小熟知的黑鬼滑稽畫（Sambo caricatures）形成鮮明的對比。差別何在？我修美國概論課，見愛爾蘭人同樣被醜化，畫得貪得無厭、物慾橫流、嘴臉似猿猴。也許世上另有民族的軀體被嘲弄、被施暴、岌岌可危。也許愛爾蘭人也曾喪失軀體。也許被貼上「黑人」標籤無關現代黑人的遭遇；也許被貼上「黑人」標籤只意味著屈居最底層，從人類被降級為物體，從物體被降級為賤民。

領悟接著領悟而來，重重壓在我身上，令我肢體痛楚而疲憊不堪。任何旅程免不了讓人覺得天旋地轉，而我慢慢嘗出暈眩的美味。但在接觸這些史實之初，接連而來的矛盾令我不勝負荷，陷入憂鬱。我這身皮膚並沒有什麼神聖、特別的地方；我是黑人是因為歷史和傳承。失足、被綁、被壓迫，毫無高尚可言，黑人血脈也不具固有意義。黑血不黑；甚至連黑皮膚也不黑。那時的我反省著，為何想找個表徵來供奉，為何渴望照貝婁的標準過日子？我覺得，有這種需求並不是想逃避，而是又和恐懼感有關——惟恐「他們」說的才是正確。「他們」可以說是宇宙的創造者和繼承人。這份恐懼之深，深到我們接受他們的文明與人性標準。

但並非所有人都接受。大約在那階段，我讀到黑人體育作家拉爾夫·瓦意立（Ralph Wiley）的一篇散文，見他回應貝婁的妙語。他寫道，「托爾斯泰就是祖魯人的托爾斯泰。假如你能獨攬普世同享的資產為部落專屬品，因而獲益，那另當別論。」一針見血。我當時已接受貝婁論。事實上，和我與恩辛加女王的距離相比，貝婁並沒有更貼近托爾斯泰。若說我更接近，那是因為我選擇接近，而不是因為命運被DNA取決。我的大錯不在於我接受了別人的夢想，而在於我接受了夢想的事實，接受了逃避心，接受了種族法術的發明。

縱使如此，我知道，我們確實了不起，我們是一個部族——一方面來說是被發明出來的東西，另一方面卻也同樣真實。實體呈現在校園中庭，呈現在初春乍暖的第一天，感覺像每一產業、每一區、每一分支機構、每一郡、黑僑落腳的每一角落各派一名代表，參與這場國際盛會。我記得那些日子猶如流浪者（OutKast）的歌，揮灑著慾望和喜悅。學生活動中心布雷克博恩廳（Blackburn）對面站著一個大光頭，穿背心戴墨鏡，肌肉發達的肩膀上有一條長長的圍巾。一個有覺醒意識的女人，穿著石洗布料衣服，雷鬼辮紮在後腦勺，斜眼瞄著他，呵呵笑著。我站在圖書館外面，和人爭辯共和黨在國會專權、武當幫（Wu-Tang Clan）在樂壇史的定位。一個男生穿著Tribe Vibe牌T恤走過來，擊拳打招呼，和我聊起當季的黑人酒神節——怪咖祭（Freaknik）、代托納（Daytona）、維吉尼亞灘——考慮著壯遊年是不是就在今年。不是。因為我們在中庭應有盡有。在這裡，我們樂陶陶，因為我們仍記得各人生長的熱鬧城市，記得初春吹著恐懼風。如今在聖地，我們沒有恐懼，我們是眾色怒放的黑。

那時是我初嘗成人滋味的日子，終於能離家生活，為自己煮食，來去隨我意，擁有自己的房間，盼望有機會從無所不在的校園美女選一個帶回房。上大二，我苦戀一個加州來的美女，她習慣穿長裙、裹頭巾在校園翩然而過。記得闊嘴的她有著一雙褐色大眼眸和冷靜的嗓音。初春的日子，我每見她出現中庭，總忍不住喊她名字，高舉雙手做出達陣的動作，但雙手隔得比較開，就像「What up?」（按：你好嗎）裡的「W」。那是我們當時打招呼的方式。她父親來自班加羅爾（Bangalore）。在哪裡？當地有什麼樣的規範？我尚未明白這些問題的重要性。我現在只記得當時無知。我記得看著她空手抓東西吃，我反而覺得持叉進食的我徹底不文明。記得我當時不懂她為何圍巾頭巾戴那麼多條。記得學校放春假，她去印度一趟，回來時額頭多了一顆吉祥痣，帶回幾張對鏡頭微笑的親戚相片。我告訴她，「小黑妞，妳夠黑」，因為當時我只講得出這種話。但是，她的美和寧靜擊碎我心中的平衡。在我的小公寓裡，她吻我，地表頓時迸裂，把我吞噬活埋了。

那時候，我寫了不知多少魂牽夢繫的爛詩。如今我知道她當時象徵的意義——她讓我初瞥穿越時空的橋梁、時空隧道蟲洞、銀河門，讓我有希望脫離這顆綁手綁腳而盲目的行星。她見過其他世界，她握有其他世界的因緣，姿態出眾，頂著黑軀殼暢遊人間。

不久後，在類似的狀況下，我又為另一女孩傾倒。這女孩身材高䠷，雷鬼辮綿長，由猶太母親帶大，來自賓州近乎全白的小鎮。進霍華德大學後，她男女雙修，以這種方式自我主張，態度不僅自覺光榮，更感到這很正常，**很正常才怪**。你這一代大概見怪不怪了，不過在我的時空，在美國，殘酷對待依本性行事的人，簡直是定律。我那時被嚇呆了。黑人會做這種事？會。黑人會做的事不下億萬種。雷鬼辮女孩和男人同居，男人是霍大教授，而這教授的妻子是白人女子。教授也睡男人。他的妻子也睡女人。而這兩人也睡對方。他們那時候有個小兒子，現在應該上大學了吧。對這種人，我從小罵的字眼是「死玻璃」。如今，校園裡到處是小集團、女巫會社、另類人、惡魔黨、外族、死玻璃、臭拉子，全穿得人模人樣。我是黑人，被掠奪過，喪失了軀體。然而，反過來說，我或許也具備掠奪的本領，說不定我也會奪取別人的軀體，以鞏固我在某一社群裡的地位。也許我已做過這種事了。仇恨他人能界定自我。黑鬼、玻璃、婊子等標籤照亮了界線，照亮你我在檯面上不屬於的族群，照亮變成白人的大夢，照亮變成男子漢的大夢。我們拿這些標籤，見自己仇恨的陌生人就罵，以此獲得部族的肯定。但我的部族正在我四周分崩離析，重組著。我常見到這些人，因為他們和我珍愛的人親如家人。他們的日常作息——應門、下廚房、隨艾迪娜・霍華（Adina Howard）的歌聲起舞——天天侵擾我，擴充我對人類萬花筒的觀念。我常坐在她住處的客廳，觀察著他們的私房笑話，一方面在心裡批判他們，另一方面又在變局中強作鎮定。

她教我以新的方式去愛。在我老家，我父母親以嚇人的棍棒管教子女。我試著以不同方式教育你——這觀念始於我在聖地見到的各種愛的方式，觸發點是有天早晨我醒來，有輕微頭痛，痛度隨每小時俱增。我走路去打工的路上，見到雷鬼辮女孩正要去上課。我的氣色很難看，她給我幾顆Advil止痛藥就走。到了下午三點左右，我痛得幾乎無法站立。我打電話給主管。他趕來時，我躺在儲藏室裡，因為我不知如何是好。我好害怕。我不懂狀況。我不知道該打電話向誰求救。我躺在儲藏室裡，半睡半醒，飽受煎熬，希望趕快康復。主管敲門。有人來找我。是她。雷鬼辮女孩扶我出去，幫我攔計程車，車開到半路，我開車門，在車子行進間當街嘔吐。但我記得她抱著我，以免我摔車。等我吐夠了，她緊緊抱住我。她帶我回她住處，回那間住著凡人的地方，裡面有各式各樣的愛。她扶我上床，放「出埃及」樂團（Exodus）的CD給我聽，音量轉至最低，在床邊留一個水桶，留一壺水，然後趕去上課。我睡覺。她回來時，我恢復精神了。我們一起進食。雷鬼辮女孩隨心所欲睡她想睡的對象，以這舉動宣示軀體自主權，她陪伴我。我生長的家庭裡，一邊是愛，另一邊是恐懼，容不下溫柔。但雷鬼辮女孩展現了愛懼之外的一面——愛也可以愛得柔和，愛得善體人意。她讓我知道，無論是柔愛硬愛，愛都是英雄之舉。

我再也無法預測在哪裡能找到我崇拜的英雄。有時候，我和朋友走在U街上，泡附近夜店。當時是壞男孩（Bad Boy）和聲名狼藉先生（Biggie）的年代，〈再一次機會〉（Once More Chance）和〈催眠〉（Hypnotize）正紅。儘管我想跳舞，我幾乎從來不跳。童年對自己軀體莫名的恐懼讓我蹩腳，跳不起來。但我在夜店常觀察黑人舞步，看他們的軀體能為所欲為，似乎和麥爾坎的語音同樣奔放自由。表面上，黑人一項控制權也沒有，更無法掌控個人軀體的命運，因為軀體可能被警察強占，可能被放蕩的槍械抹殺，可能被強暴、毒打、押進監牢。但在夜店裡，在蘭姆可樂買一送一的醉意中，在光線昏暗迷茫的環境裡，在嘻哈音符的捆綁中，我覺得這些黑人舞客完全能控制每一步、每一迴旋、每一點頭轉頭。

我當時最大的心願是效法舞棍的舞姿，寫得熟練、有力、歡樂、溫馨。我在學校常蹺課。我覺得，是離開的時候了，就算大學沒讀完，也應宣布自己是聖地的畢業生。我忙著為一家地方性的另類報刊寫樂評、方塊文章、散文，能和更多人類接觸。我有編輯——各個是我的校外恩師——也是我有生以來實際和我互動的第一批白人。他們和我的既有觀念背道而馳——既不怕我，也不為我感到害怕，而是接受我恣意不羈的好奇心和溫柔，加以珍惜善用。新聞學是追尋真理者的一項重大科技，他們教我新聞報導的藝術。我採訪的是在地新聞，發現民眾願意接受我訪問，發現兒時常因個性溫呑而被盯上的我，如今卻能展現溫和的一面，讓受訪者能信任我而侃侃而談。太不可思議了。我才走出童年迷霧幾步而已，小時候的疑難無處可問，全死在大腦裡。如今，電話號碼一撥，我就能打聽生意興隆的店為何倒閉，為何表演被取消，為何教堂那麼多、超商那麼少。身為記者，我再得一項探索的利器，能循另一管道揭露束縛我軀體的法則。它開始凝聚成形了——即使我仍不清楚「它」是什麼。

在摩爾倫研究中心，我能探索歷史和傳統。在中庭，我能見到這些傳統的具體化。藉著記者身分，我能直接問人這兩者的問題，或者想知道什麼就問什麼。我大半輩子都苦於問不到答案。我為何活在青少年在超商停車場拔槍的世界？為何我父親和我認識的所有父母一樣，動不動抽皮帶打人？為何小行星帶以外的天外世界如此不同？有些東西為何電視裡的人有，我卻沒有？

雷鬼辮女孩改造了我，我多想愛她，她卻愛上另一個男生。而現在，這男生天天縈繞我腦海，我大概下半輩子也一定天天想他。有時候，我認為他是我憑空想像的人物。就某些意義而言，他確實是，因為英年早逝的人總是光環罩頂，散發著前途無量的光彩，令人惋惜天妒英才。但我知道，我曾對這男生心懷一份愛。他名叫普林斯．瓊斯（Prince Jones，「瓊斯王子」）。每次見到他，我會不禁微笑，在他身旁總能感受他散發的暖意。交往進行到我倆之一退出，和他花式握手時，我會微微感到悲傷。想認識普林斯．瓊斯這人，第一步是瞭解他名如其人，具備王子的高大英挺，棕皮膚，體格精瘦有力如美式足球外接員。他的母親是名醫。他信重生基督派，我不認同但尊重。他待人處事親切。他輻射慷慨的風采，似乎和任何人都處得來，再難的事都難不倒他。天下當然沒有這種強人，但的確有人能輕鬆製造這種假象，王子是其中之一。我只能照我親眼見到、親身體會的印象描述他。有些人，我們不完全認識他們，他們卻能在心田長留一股溫情，而當他們被掠奪時，當他們喪失軀體，當黑能源散逸後，溫情會轉為傷口。

在聖地最後一次墜入愛河，失去平衡感，失去童年所有困惑，是迷上一位芝加哥來的女孩。她就是你母親。那天，我倆和一群朋友，站在她家客廳，我一手拿著大麻雪茄，另一手端著啤酒。我吸一口菸，然後把菸傳給芝加哥女孩，手不經意劃過她修長優雅的手指，心頭為之小小一震。她把菸舉向塗成李紅色的芳唇，吸氣，吐氣，接著把菸霧吸回去。在那之前一星期，我吻過她，這時在菸與火星的助興下（我已感受到大麻的威力），我迷惘著，奔騰著，遐想擁抱她的滋味，遐想著自己像菸霧一樣被她吸入、重回她口、讓她恍神。

她從沒機會認識生父，和我認識的大多數小孩一樣。我當時認為，忝為「父親」的這些男人是最可恥的懦夫。但我也覺得，銀河系正扔著假骰子玩，保證讓我們這群人裡懦夫一出再出。芝加哥女孩也瞭解這一點，而她瞭解的事物更多——男女軀體被掠奪的程度不等，我永遠也無法真正理解女體自幼被掠奪的情況。有一種黑人女孩，從小就聽大人說，最好聰明點，因為憑妳這長相不管用，而她長大後，別人會對她說，以一個黑皮膚女孩來說，妳長得還真漂亮。芝加哥女孩就屬於這一類。她的言行一再顯示她熟知宇宙的不公不義，而同樣的不公不義，多年前父親伸手抽皮帶打我時，我也見過。兒時我也在客廳藉電視播放的郊區風情畫看過，見到金髮金童玩著玩具卡車和美式足球卡，我隱隱體會到世界和我之間有著莫大的隔閡。

我和她兩人從不預先規劃——連你也一樣不在規劃之中。你誕生那年，我和你母親同為二十四歲，年齡在多數美國人當中算不大不小，但不久後，在我們不知不覺進入的階級裡，我們發現自己被歸類為未成年生子的族群。一絲絲恐懼情緒飄散出我們的言行，經常有人問我們是否打算結婚。在這些人觀念裡，婚姻的作用是防範其他男女介入，預防臭襪子和洗碗盤的枯燥日子緩蝕小倆口感情。但你母親和我知道，有太多人為了芝麻小事拋棄另一半。我和你母親的實情始終是，你是套住我倆的婚戒。你被我們從肚子裡召喚而來，不給你投票選擇。基於這一因素，你就有資格享受父母竭盡全力提供的保護。除了這事實以外，其他一切都屬次要。如果這話聽來太沉重，你不必緊張。事實是，我擁有的一切都應歸功於你。在你來臨以前，我有很多問題待解，但疑問再多，終究是我個人的問題，也妨礙不到年輕的我，當時我尚未明瞭自身的弱點何在。但我當時腳踏實地，成為居家男人，原因很簡單：萬一我敗陣下來，我不會單獨吃敗仗。

至少這是我當時的自我安慰。那時令我寬慰的信念是，我的軀體和我家人軀體的命運都在我掌握中。「你長大後要有男子漢氣概，」長輩告訴兒子們。「任何人都有辦法生小孩，但是，唯有男子漢才能勝任父親的職責。」這是我從小聽長輩的教訓。這是生存經驗談。這種迷思能幫助我們肩挑貢獻犧牲的重任——無論有無男子漢氣概一定會遇到的重任。彷彿雙手屬於我們自己似的。彷彿我們銀河系的核心從來沒發生過黑能源被掠奪的事。假如我願一睹為快，掠奪就在那裡，等著我去看。

有一年夏天，我遠赴芝加哥去看你母親。我和朋友行駛在丹萊恩（Dan Ryan）高速公路上，首度見到芝加哥州街走廊（State Street Corridor）的景象。在那段四英里的路上，路旁全是破敗的國宅。在巴爾的摩，貧民國宅多的是，規模卻沒有一區比得上此地。這幅景象給我的感想是一場道德災難，不僅僅是針對住民而言，而且也針對全區的民眾，大都會區通勤族每日路過，無不漠然隱忍這種慘劇存在。然而，縱使我當時好奇心再強烈，我也不準備親自去一探究竟。

你在娘胎時，你外婆曾來探視我們。她絕對是被嚇壞了。我們當時住在德拉瓦州，住處幾乎沒有家具。我已經輟學了，靠著自由撰稿的微薄薪水度日。在她來訪的最後一天，我開車送她去機場。你是我唯一的小孩，你母親也是她唯一的小孩。我看著你長大，明白在她心目中，再寶貴的東西也比不過女兒。你外婆叮嚀我，「好好照顧我女兒。」她下車後，我的世界變動了，感覺我剛跨越某道門檻，步出我人生的玄關，走進客廳。過往的一切恍若隔世，一邊是你出生前的世界，另一邊是你出生後。在後者的世界裡，你是我從未擁抱過的上帝。我臣服於你的需索。我當下明瞭，我不能只為生存而生存。我必須為你生存。

你在同年八月出生。我想起聖地的形形色色——來自貝里茲的黑人、母親是猶太人的黑人、父親來自班加羅爾的黑人、來自多倫多和金斯敦（Kingston）的黑人、會講俄文的黑人、會講西班牙文的黑人、會彈古巴裔打擊樂手孟果・聖塔馬利亞（Mongo Santamaría）曲子的黑人、精通數學而在考骨研究中心熬夜並揭開古奴隸面紗的黑人。外面的世界之豐富超出我的預期，而我希望你能擁有。我希望你知道，只在學校或只在街頭，你無法找到完整的世界，也無法從你嚮往的表徵裡找到。我希望你占有原原本本的整個世界。我希望你一眼就能看透「托爾斯泰是祖魯人的托爾斯泰」的道理。然而，即使許這個大都會願望，我感受到祖先的舊力，因為我受先人奮鬥的感召，投奔聖地，在聖地吸收到祖先留下的知識。

薩莫里（Samori）[22]，你的名字裡有「奮鬥」的涵義。你的名字取自薩莫里・圖瑞（Samori Touré），他曾向法國殖民勢力抗爭，以確保黑人軀體自主權，後來死於監牢，但他奮鬥的成果和其他類似成就全屬於我們，即使我們常望奮鬥目標興嘆也一樣。在和我不可能自願共處的人一同生活期間，我學習到這一點，因為生為黑人的特權未必不言自明。誠如哈佛首位終身職黑人教授德瑞克・貝爾（Derrick

Bell）所言，我們是「井底之臉孔」。但井底確實含有智慧，而這裡的智慧讓我一生獲益匪淺。而我在這裡為你而活。

黑街也不乏智慧存在。我現在想起一條老規矩：萬一自己人誤入他人地盤，他的朋友必須挺他，大家必須一同挨打。我現在知道，這規矩涵蓋所有生活的要領。能站起來，能對空舉拳，未必能終結這場抗爭。我們無法控制敵人的人數、力量或武器。有時候，你會倒霉遇到強敵。但無論你抵抗或逃走，你跟大家一起動作，因為這是我們所能控制的部分。我們萬萬不能做的是心甘情願交出自己的軀體，或交出朋友的軀體，這就是黑街智慧：我們知道，我們無法控制街道的走向，卻能——也必須——調整走路的方式。你的名字更深層的意義在此——本質上，奮鬥是有意義的。

那份智慧不獨我們這批人有，但我認為對我們別具意義，因為我們是集體強暴的結晶，而我們的祖先被擡走，依保單和獸欄分開。[23] 我教導你尊重每一個人類為個體，你必須以同樣的尊重涵蓋往昔。「奴」並非一團混沌無法界定的人肉，而是特定的一位女奴，頭腦和你同樣活躍，七情六慾和你同樣豐富，偏好日光灑落樹林特定地點的角度，喜歡在附近溪流的漩渦處釣魚，以她獨特的複雜方式愛她的母親，嫌自己姐姐講話太大聲，特別喜歡某個親戚、某個季節，精通於縫製衣物，心知自己腦筋靈光，能力不輸別人。「奴」是同一位女子，誕生在一個高呼自稱熱愛自由的世界，而這世界把這份愛寫進典籍裡，這世界的教授把這位女子視為奴隸，把她的母親、父親、女兒視為奴隸。當這女子回顧過去幾世代，她只見被奴役的前輩。她能抱有更高更遠的理想。她能為孫兒女想像美好的未來。但當她死去時，這世界也隨之結束，而她畢生其實不知天外有天。對這女子而言，奴隸制並非寓言一則，而是天譴，是永無止境的黑夜。那一夜延續了我們歷史大半。切記，我們在美國被奴役的時代比自由長。切記，黑人一出生就被奴役的歷史長達兩百五十年，前仆後繼的數個世代終生只認得枷鎖。

你必須努力謹記這段過去，記住這段歷史的所有錯誤、細微差別、人性光輝。常人接受聽來順耳的天意論，也接受公理無法擋的童話故事，你必須抗拒其誘惑。被奴役者不是你的路磚，他們的生命也不是你救贖史裡的章節。血肉之軀的他們被轉化為燃料，供美國機器取用。奴隸制並非注定結束。當前的情勢無論進步多少，也不宜認為能因此向為子孫光榮捐軀者贖罪。我們的勝仗再多，也無法彌補這缺憾。或許，我們的勝仗根本不是重點。或許，我們除了抗爭一無所有，因為歷史之神信的是無神論，而且歷史之神的世界沒有一件事物是注定的。因此，你每早起床，必須知道，沒有承諾是無法收回的，而最容易收回的承諾，就是一覺能睡醒的承諾。這並非絕望之言。宇宙的傾向是輕名詞而重動詞，輕現狀而重行動，輕希望而重奮鬥。

更美好的世界能否來臨，最終決定權並不在你手上，只不過我知道，有些成年男女會天天教你相反的道理。這世界亟待拯救的原因正是同一批人。我不是憤世嫉俗的人。我愛你，我愛這世界，而我新發現的現實愈多，就更愛這世界。然而，你是個黑人小孩，你必須為自己的軀體負責，而你負的是其他男孩無從明瞭的責任。的確，其他黑人軀體犯下最惡劣的行為，你也必須負責，畢竟惡行勢必被賴到你身上。你也必須為強勢族群的軀體負責——警察屬於強勢族群，他們能拿警棍敲碎你骨頭，然後急忙以你行動鬼祟做為擋箭牌。這些責任不能簡化到你一人身上——你四周的女人，在你永遠不會懂的方面，必須為她們的軀體負責。你必須平心面對烏煙瘴氣，但你不能說謊。你不能忘記他們從我們身上奪走的東西何其多，不能忘他們如何將我們的軀體物化為蔗糖、菸草、棉花、黃金。

II

我們的世界充滿音聲，
我們的世界之美更勝他邦，
縱使我們受苦，自相殘殺，
縱使時而未能踏風而行，

我們是美麗的民族，
有著非洲的想像力，
隨處有面具舞蹈，歌聲磅礴，

有非洲眼鼻和手臂，
縱使匍匐於灰枷鎖下，
縱使置身季季凜冬，
我們企盼豔陽。

——阿米里・巴卡拉（Amiri Baraka）

你呱呱墜地前不久，我被PG郡警命令靠邊停車。華盛頓特區的所有詩人都警告我慎防這些警察。兩警察下車，一左一右包抄我，以手電筒照透我車窗。他們索取我的證件，帶回巡邏車。我坐著，飽受驚嚇。師長在校園警告過我，我透過閱報和採訪新聞，也學到不少，因此我知道PG郡警察打死艾莫爾．科雷．紐曼（Elmer Clay Newman），然後宣稱他在牢房裡撞牆而死。我知道郡警槍殺了蓋瑞．霍普金斯（Gary Hopkins），推說他意圖奪警槍。我也知道，警察把佛瑞迪．麥可倫（Freddie McCollum）打成半盲人，歸咎於地板崩塌所致。我也讀過報導，得知這些警察強勒機械工、射擊建築工人、把嫌犯摔去撞破購物中心的玻璃門。我也知道，他們經常做這種事，彷彿受制於看不見的宇宙時鐘。我知道，他們對著行駛中的車輛開槍，對著手無寸鐵的民眾開槍，朝人背後開槍，然後宣稱自己擔心被射才反擊。這些槍手被調查，獲判無罪，立刻回街頭執勤，然後仗著有人撐腰，再度亂開槍。在美國史上，當時PG郡警開槍的次數傲視全國各警察局。FBI

展開幾項調查，有時在同一星期兩面開弓。警察局長獲得加薪獎勵。當時我坐在自己車上，回想著以上種種事實，受制於他們的魔掌。在巴爾的摩挨槍比較好，因為黑街能討回公道，可能有人逼兇手負責。但在路旁，我的軀體被警察掌握，他們能對我為所欲為。就算我撿回一條命，就算我說明他們的所作所為，再申訴也無意義。警察回來了。他把我的駕照還給我。他不解釋臨檢的理由。

後來，在同年九月，我在《華盛頓郵報》讀到ＰＧ郡警又殺人了。我忍不住心想，算我命大。我抱著一個月大的你，知道假如死的人是我，損失不只是我一人。我掃瞄著標題——當時警察暴行儼然是常態。這則新聞延燒到第二天，我稍微詳讀才發現，死者是霍大的學生。我懷疑我可能認識他。但我沒把這事放在心上。進入第三天，我瞥見報紙刊載的死者相片，定睛一看，發現是他。他穿著正式服裝，好像正參加高年級畢業舞會，容顏凍結在青春琥珀裡。棕皮膚的他瘦臉俊美，綻放著爽朗的微笑，我見到的是普林斯．卡曼．瓊斯。

我記不清楚接下來發生的事。我好像向後踉蹌幾步。我好像告訴你母親這新聞。我好像打電話給雷鬼辮女孩，問她這事是真是假。她好像驚叫失聲。我明確記得的是當時的心境：激憤。我同時感受到巴爾的摩西區的那份沉重，那份引力把我扣留在學校、黑街、虛空。普林斯挺過來了，卻照樣被他們奪走。儘管我自知永遠不會相信任何自圓其說的言論，我仍坐下來，讀完整篇報導。細節少之又少。開槍射殺他的人是PG郡警，地點不在PG郡內，甚至不在華盛頓，而是在維吉尼亞州北部。普林斯驅車前去看未婚妻，而她家當時近在幾碼外。槍擊案唯一的證人是兇手自己。開槍的警察聲稱，吉普車上的普林斯試圖開車撞他，而我知道檢察官會聽信他。

幾天後，你母親和我抱你坐上車，南下華盛頓，請卡米拉照顧你，然後去霍大校園裡的蘭肯（Rankin）教堂參加告別儀式。在這座小教堂裡，我曾坐著聽上臺傳道的各派知識分子和社運人士——喬瑟夫・勞瑞（Joseph Lowery）、康內爾・威斯特（Cornel West）、卡爾文・巴茨（,Calvin Butts），讚嘆他們的口才。[24]告別式中，我大概見到許多老友，但究竟見到的是誰，我一個也不記得。我記得好多人讚美普林斯的信仰多虔誠，追思他堅信耶穌與他同在。我記得看到校長起立落淚。我記得死者母親梅波・瓊斯（Mable Jones）醫師致詞，誓言以兒子之死為感召，走出舒適的郊區生活，投身民運。我聽見幾人呼籲寬恕兇手警察。對此場景，我有何感觸，我的印象朦朧。但我知道，在我的同胞進行哀悼儀式時，我總覺得和現場隔著一道鴻溝，當時的我必定感觸極深。令我動容的不是原諒警察的心意，因為縱使在當時，我內心萌芽的新想法是，普林斯與其說是被單一警察擊斃，倒不如說是被國家謀殺，被自古縈繞全國的恐懼感奪魂。

在當前，「警政革新」一詞蔚為流行語，公家機構指定的衛民者惡行引發各界關注，上至總統，下至草民。你或許聽過多元化、反歧視訓練、隨身攝影機的討論。這些東西都好，都適用，但它們對這項重任太輕描淡寫了，也允許國民佯稱個人態度和警察態度之間有一段實質的距離。事實是，警察反映了美國整體的意志與恐懼。無論我們如何看待我國刑法政策，我們都不能說，這套政策是強勢少數強迫我們接受的。政策衍生出的弊病——無限擴增的監獄國、對黑人不分青紅皂白拘留、凌虐嫌犯——全是民主意志的產物。因此，質疑警察就是質疑派警察執勤的美國民眾，出動警察進黑人區的是人民，而警察內心存在一份自己嚇自己的恐懼感，和迫使自認是白人者逃離市區、投奔大夢的恐懼心理是同一種。警察的問題不在於他們是法西斯豬，而是在於我們的國家被多數霸權豬統治。

即使坐在小教堂裡，我已搞懂以上道理的一部分，只是我當時仍無法表達。因此，原不原諒普林斯的兇手，當時我會覺得是毫不相干的事。這兇手直接呈現了全國信念。我自幼接受的教誨是排斥基督教上帝，所以不認為普林斯之死有何崇高。當時的我相信，現在仍相信，我們的軀體是我們的自我，我的靈魂是靠神經細胞和神經傳導的電流，我的心靈是我的肉體。普林斯是獨立獨特的個體，軀體被毀損，肩膀手臂被燒焦，背部被撕裂，肝肺腎碎爛。坐在教堂裡的我覺得自己是異端，只信這具軀體，只信這輩子只有一次機會。就普林斯軀體被毀的罪行而言，我不主張寬恕。致哀民眾垂頭禱告之際，我自外於他們，因為我相信問天空也問不出答案。

事發幾星期，令人作嘔的細節徐徐釋出。奪命警官有說謊的前科。一年前，他曾揑造證據逮捕冤枉人。檢察官被迫撤銷該警官法辦的所有案件。警官被降級、復職、重回街頭繼續執勤。如今，在其他媒體的報導下，案發現場慢慢還原了。那天，該警官假扮成毒梟辦案，奉令追捕的嫌犯身高才五呎四，重達兩百五十磅。驗屍報告顯示，普林斯身高六呎三，兩百一十一磅重。我們得知，真正的嫌犯後來被逮捕了，因罪名不成立而獲釋。這些細節都不重要。我們知道，長官派這警官跟蹤普林斯，從馬里蘭州穿越華盛頓特區，一路追到維吉尼亞州，然後對普林斯連開幾槍。我們知道，警官拔槍對付普林斯前未出示警徽。我們知道，警官聲稱普林斯想開吉普車撞他，他才開火。我們知道，負責調查本案的人草草調查該警官，卻盡全力搜普林斯的底。調查結果看不出普林斯為何突然改變了他的雄心壯志，放棄大學而想殺警。該警官被賦予生殺大權，肩負的責任卻輕如羽毛。他獲得不起訴處分。他不受任何單位懲處。他重返工作崗位。

有些時候，我為普林斯設身處地想像，被假扮壞人的警察跨轄區追蹤，想著想著，不禁驚恐，因為假使我遭遇同樣狀況，在自家幾步外，被這種人持槍威脅，我知道我會有什麼樣的反應。你外婆曾說，「**好好照顧我寶貝**。」換言之，「**好好照顧你的新家庭**。」但我現在知道，我的照顧是有限度的，力量擋不住一個古老如維吉尼亞州的敵手。我想著我在聖地見過的所有內外皆美的黑人，想到形形色色的模樣、髮型、言語、故事、地理，想到他們璀璨奪目的人性光輝，再高超的特質也無法救他們脫離掠奪的標靶，脫離這世界的重力。我當時也豁然想到，你難逃一劫，因為惡人對你早有打算，而我對他們束手無策。普林斯是我所有恐懼的極致。他是善良的基督徒，是力爭上游階級的子孫，是「加倍好」（twice as good）族群的守護神，如果連他都能被終生束縛，有誰能免受束縛之苦？被掠奪的不只是普林斯本身。想想看他從小到大獲得多少愛。試想他上蒙特梭里學校和音樂班的學費。試想長輩接送他參加足球賽、籃球錦標賽、青少棒聯盟所耗費的油錢和磨損的輪胎紋。試想安排夜宿同學家所花費的時間。試想所有的驚喜慶生會、托兒所、過濾保姆背景。試想《世界百科全書》（*World Book*）和《世界親子圖書館》（*Childcraft*）。試想拍全家福沙龍照的費用。試想刷卡渡假的開銷。試想足球、科學實驗用品組、化學用品器材、玩具賽車軌道、模型火車。試想所有的擁抱，所有的私房笑話，所有的禮俗、招呼、姓名、夢想，黑人家庭把所有的共同知識和能力灌注在這具骨肉之身中。試想這具骨肉之身如何被奪取，被摧毀在水泥地上，從小被傾注的聖潔全流瀉出來，復歸塵土。試想你母親，她沒有父親。你外婆也被父親遺棄。而你祖父也被他父親遺棄。試想普林斯的女兒，如今她被列入同樣凝重的行列，與生俱來的權利被剝奪了——曾是她父親的那具軀殼，是被愛盈灌二十五年的軀殼，是她祖父母的投資，原本是她的祖產。

現在，我晚上抱著你，一股縱貫所有美國世代的巨大恐懼揪住我心坎。現在我終於能切身體會我父親的心和他的口頭禪——「他不是挨我揍，就等著挨警察揍。」我完全理解了——電纜、延長線、不打不成器的鞭子。黑人對子女的愛帶有一種執迷。你是我們僅有的，你身懷危機找上我們。我認為，我們寧可親手殺了你，也不願見你命喪美國製造的黑街。這套觀念是有靈無體者的哲學觀，這群人無力控制、無力保護任何事物，被迫害怕的不只是壞人，也怕警察，因為警察對他們頤指氣使，猶如打著道德旗幟強索保護費的犯罪集團。在你降生後，我才領悟這份愛的道理，明瞭母親牽我小手的力道多重。她知道銀河系本身就能奪走我性命，我的一切全可能被粉碎，她的一切努力被當成釀壞的葡萄酒潑灑在路旁。猶有甚者，沒有人會因而被追訴，因為我的死不是任何人的錯，而是「種族」

的錯，是實屬不幸卻顛撲不破的事實，是無形鬼神在無理審判一個無辜國家。地震無法被傳喚。颱風不會屈服在起訴書之下。普林斯的兇手後來復職，因為他根本不是兇手。他是不可抗力之天候，是物理定律的無助代理人。

在當時，這整件事將我內心的恐懼轉化為熊熊怒火，如今燒得我生氣勃勃，火勢極可能延燒到我長眠為止。我仍從事新聞工作。在這時，我的反應是提筆。能動筆，算我幸運。我們多數人在被嘲諷時，只能忍氣吞聲，一笑置之。我撰寫PG郡警察的歷史。從來沒有一件事讓我覺得如此非寫不可。我最初得知的事實如下：槍殺普林斯的警察是黑人。賦予這警察殺人權的政客是黑人。黑人政客當中，很多人「加倍好」，很多人似乎無動於衷。這怎麼可能呢？感覺像我又回到摩爾倫研究中心，又想解開大謎團。但到這階段，我不必再填借書單；網際網路已茁壯為研究利器。你聽了一定覺得新奇，因為自從你出生以來，每每有疑問，你走到電腦前敲敲鍵盤，看著自己的問題出現在長方形的框框裡，上面有個商標，才不過幾秒，可能的解答湧現，供你沉醉其中。但我仍記得打字機盛行的時代，記得Commodore 64電腦問世，記得以前心愛的歌曲會在收音機播放一陣子，然後消失無形。我大概有五年沒聽過瑪麗珍女孩樂團（Mary Jane Girls）的〈徹夜〉（All Night Long）。以我這樣的年輕人來說，發明網際網路相當於發明太空旅行。

普林斯案引發的好奇心為我開啟了剪報、歷史、社會學的另一番天地。我電訪政壇人物，得知民眾找警察，比較可能想找救星，而非抱怨警察施暴。我得知，PG郡黑人日子過得安穩，對犯罪「可以說是不耐煩」。以前在摩爾倫研究中心，我就見過這類理論，當時研究著黑人社群內外的幾場抗爭。我知道，這些理論即使出自黑人之口，也能解釋監獄林立的現象，能為貧民窟和貧民國宅辯解，能將黑人軀體的毀損視為維護治安的偶發事件。根據這套理論，「安全」的價值比司法更高，或許價值至高無上。我瞭解。在巴爾的摩老家時，我最大的心願是，國家和社區能派一大隊警察巡邏我上學的路線！巴爾的摩哪有這種警察？每次我一見警察，就知道壞事已經發生了。我始終明瞭，對於有些人而言，對於活在大夢裡的人來說，這些話是雞同鴨講。他們的「安全」指的是學校、投資組合、摩天大樓。我們的「安全」指的是只能蔑視我們的佩槍員警，而派他們出勤的社會也有同等心態。

人若缺乏安全感，銀河觀也會因而受限。例如，我從沒想過我能搬去紐約住，甚至根本也不想搬去。我確實愛巴爾的摩。我愛查理魯兒（Charlie Rudo's）運動用品店，喜歡孟度明購物中心人行道上的拍賣。我喜歡和你伯父達曼尼坐在門廊上，等電臺主持人法蘭克．史基（Frank Ski）播放饒舌流行曲〈清新至上〉（Fresh Is the Word）。我總以為，大學畢業後，我注定回家鄉——不只因我愛老家，也因為我無法為自己想像其他出路。我認為，想像力受阻是我身上的枷鎖所致。但有些人即使被枷鎖控制，見識仍能比別人廣。

我在聖地遇到不少這種人——例如我好友班，他在紐約長大，能以非裔身分周遊於海地人、牙買加人、哈西迪派猶太人、義大利人之間。像他這樣的人也不在少數。在老師、姨媽、兄長的協助下，他們在兒時有幸攀上牆頭，瞥見牆外的光景，長大後決心把全景盡收眼底。這些黑人和我同樣覺得軀體隨時可能被奪走，但這份恐懼感和其他人不同，反而推送他們上外太空。他們出國學習幾學期。我從不知道他們出國的原因，出國做什麼。但也許我總意識到個人期望太低了。我愛上的每一位女生都是通往別地的橋梁，或許這正能解釋我為何愛上她們。你母親的見聞比我廣太多了，讓她愛上紐約的媒介是文化、《擋不住的來電》（*Crossing Delancey*）、《第凡內早餐》、《上班女郎》（*Working Girls*）、納斯（Nas）[25]、與武當幫。你母親在紐約找到工作，我簡直像偷渡客一樣跟進，因為當時在紐約，寫作的工作難尋。我偶爾寫一則書評或專輯樂評，攢到的小錢一年差不多能付兩個月的電費。

我們在二〇〇一年搬到紐約市，兩個月後爆發九一一事件。那天正好在紐約的人大概都有段故事可談，我也有：那天晚上，我和你母親站在公寓樓頂，你夏娜阿姨和她男友賈墨（Jamal）也在，聊著天，望著曼哈頓島上空瀰漫的大片煙塵。所有人都認識某某人認識的某某人失蹤了。但當時我眺望美國廢墟上空，心卻冷冰冰。我惦記的災禍不是九一一。殺害普林斯的警官和所有對我們提心吊膽的警官一樣，全是代表美國公民的寶劍。我死也不會把任何美國公民視為純潔無瑕。我和全紐約市脫節。我當時不斷想著，曼哈頓南區自古是我們黑人的災區原點。九一一發生在金融區，而舊時黑奴正是在金融區裡被拍賣，名符其實。從前該地有奴隸埋葬場，後人在上面興建百貨公司，蓋住一部分，接著又有人想另建一棟公家大樓，試圖再覆蓋另一部分，幸虧有一群思想正直的黑人聯手阻止，政府才作罷。當時我尚未把這些想法構思成一套有條理的理論。但我確實知道，把恐怖帶到曼哈頓那一區的第一人不是賓拉登。我永遠不忘記。你也不應忘記。九一一善後的日子裡，我看著一幕幕荒謬的場面，飄揚的國旗、大耍男子漢氣魄的消防隊員、過火的口號。去他的。普林斯死了。叫我們加倍好卻反過頭來射我們的那些人，全下地獄去吧。我詛咒讓黑人父母活在恐怖中的祖傳恐懼心。我詛咒摧毀聖潔軀體的那些人。

殺害普林斯的警察也好，喪生九一一事件的警察也好，消防隊員也好，我看不出差別何在。在我眼裡，他們不是人。黑人，白人，管他是什麼人，全是天然禍害；他們是火災、彗星、暴風雨雪，都能無緣無故摧毀我的軀體。

我最後一次見到普林斯時，他肢體無缺，活得好端端的。他站在我面前。我們在博物館裡。我剎時以為，他的死只是惡夢一場。不對，應該是預感才對。我應趁這機會警告他。我走過去，擊拳打招呼，領受到形形色色人種散發的熱力，感受到聖地的溫馨。我想告訴他一件事。我想說：慎防掠奪者。但我一張開嘴，他只搖搖頭走開。

我們住進布魯克林區的地下室公寓，你八成不記得了。我好友班夫妻也住同一條街。那段日子過得並不順利。我記得向班借到兩百美元，感覺像口袋多了一百萬。我記得你祖父來紐約，請我去吃衣索匹亞餐，飯後我走路送他去地鐵西四街站，互道再見，走開，被他叫回去。他忘了一件事。他遞給我一張一百二十美元的支票。我告訴你這事是因為，不管父子談的是什麼，我要你瞭解，身外之物，我不見得要什麼有什麼，但我有的是親朋好友——**我始終都有親朋好友**。我有一雙不輸任何人的父母親。我讀大學期間有個哥哥全程關照我。我有指引我迷津的聖地。有些朋友甚至不惜撞公車救我。你需要知道，我備受愛護，儘管我對宗教冷感，我始終愛我的親朋好友，而這份博愛和對你的父愛有直接關聯。記得我每逢週五晚，常坐在班的門階上，喝著傑克丹尼爾，辯論市長選舉或美國赴戰場等議題。幾星期下來，我日子過得渾渾噩噩。我向幾家雜誌求職未果。你夏娜阿姨再借我兩百，錢被我拿去上酒保補習班，不幸遇上詐騙集團。我在公園坡（Park Slope）一家熟食小店擔任外送員。在紐約，人人都想知道你做哪一行。我告訴他們，我正「試著成為文字工作者」。

有些日子，我會搭地鐵進曼哈頓。曼哈頓錢潮洶湧，從餐館和咖啡店溢流而出，推動人們，速度快得不可思議，湧進寬闊的大道，吸引星際人流穿越時代廣場。錢在石灰石屋和棕岩豪宅裡。錢流在西百老匯路上，那裡的白人踉蹌走出葡萄酒吧，端著酒光蕩漾的杯子，沒警察管。在夜店裡，我會看見這些人酒醉、歡笑、向霹靂舞者下戰帖。他們會敗下陣來，被打得無地自容。但事後，他們會打花式招呼，哈哈笑，再點幾瓶啤酒喝。他們全然無所畏懼。我不清楚為何他們天不怕地不怕。我望向窗外，看到推著加寬款的嬰兒車的白人小倆口，才恍然大悟。夫妻倆穿著T恤和慢跑短褲，走在鹹魚逐漸翻身的哈林區大道上。另外有時候，我見夫妻忙著對話，不顧幾個兒子騎著三輪車占據整條人行道。銀河系歸他們統治。我們黑人把畏懼心傳達給子女，我發現白人傳達給下一代的是主子心態。

因此當我記得推你的嬰兒車，帶你逛市區其他地段時——例如西村，我幾乎直覺上相信，你應該多見一點世面，我心裡卻不安，活像我借用了人家的傳家寶，活像我藉假名出遊。在此同時，你字彙變多了，情緒也豐富起來；我的俊美褐皮膚兒子，轉眼即將知天下事，即將理解銀河系令諭，理解所有能滅種的事件——這些事件對人不對事，特別冷眼打量著你。

有朝一日，你將長大成男人。你和未來同儕同事之間將有一道難以拉近的隔閡，我無法救你。他們可能想勸你相信，我所知的一切、我在此和你分享的所有事物全是假象，或者全是不需討論的遠古舊事。我也無法救你逃離警察，逃離他們的手電筒、他們的手、他們的警棍、他們的槍。謀殺普林斯的那些人照理說是他的警衛才對。他永遠與我同在，而我很清楚，不久後，他也將與你同在。

在那些日子裡，我出門時，轉進弗萊布許（Flatbush）街，臉皮必定繃緊，形同墨西哥摔角選手的面具。我的眼睛會轉來轉去，留意每個角落，雙手自然下垂，靈活備戰。隨時警覺所耗費的精力無法測量，能緩緩啃噬我們的精髓，能迅速瓦解我們的軀體。因此我怕的不是這世上的暴力，而是怕規則——原意是保護你免受暴力的規則。這套規則強迫你扭曲軀體以順應黑街，然後再扭曲軀體以便同事能認真看待你，然後再扭曲軀體，以免讓警察有機可趁。從小到大，我聽過黑人告訴自己家的子女，叫他們要「加倍好」，換言之是「接受一半就好」。講「加倍好」時，口氣要帶有宗教高尚節操的音色，彷彿這話證明了某種默認的特質、某種無從偵測到的勇氣，其實卻只能證明槍抵腦袋瓜、手伸進口袋。我們就是這樣喪失柔和性情的。他們就是靠這句話搶走我們的微笑權。白人幼童騎著三輪車，沒有人會叫他們「加倍乖」。我想像他們父母會叫他們能拿就拿雙倍。我覺得，黑人自己的規則反而強化外族的掠奪心。我赫然發現，身為黑人最明顯的內在特徵就是時間被剝奪，躲也躲不掉。因為，出門前戴面具，做好只接受一半的心理準備，在這方面耗掉的時間一去不復返。被搶走的光陰不是以一生來量度，而是以分秒來計算。它是你剛打開卻沒空喝完的最後一瓶葡萄酒。它是在她離開你世界之前你沒空接的吻。它是他們逆轉勝的救生筏，是我們一天只有二十三小時的待遇。

有天下午，你母親和我帶你去參觀一間幼稚園，接待員帶我們進一大間體育室，裡面滿是活蹦亂跳的紐約小孩，各色人種打成一片，精力充沛。你看他們一眼，馬上扔下我們，衝進去攪和。你從來不怕生，不怕被拒絕，而我總欣賞你這一點，總因此為你憂心。我看著你跟著陌生小朋友又跳又笑，我心中的牆頓時豎起來，覺得應一把握住你手臂，拉你回來，告訴你，「我們不認識這些人！別急嘛！」我並沒有這麼做。我正在成長。如果當時我仍無法明言內心的苦悶是何物，我仍清楚的是，那份苦悶毫無高尚可言。但現在我明瞭我勸誡你的那句話多沉重——四歲小孩應提高警覺、謹慎行事、頭腦精明，而我應限制你的快樂，強迫你接受時間被剝奪。而今，當我一手拿著這份恐懼，另一手拿著銀河系主子賞給子女的大膽心，兩相比較下，我覺得慚愧。

紐約是自成一格的人種光譜，自有形形色色的風情，而我在霍華德大學見到的多元化黑人世界，在紐約則擴散至整個大都會。每個角落總會碰上不一樣的事情。這裡有非洲鼓手聚集在聯合廣場演奏。這裡有荒廢的辦公大樓重新裝潢成餐廳，入夜後復活，裡面賣小桶裝啤酒和韓式炸雞。這裡有黑人女孩配白人男孩，有黑人男孩配華裔女孩，有華裔女孩配多明尼加男孩，有多明尼加男孩配牙買加男孩，能想像的組合應有盡有。步行穿越西村的我，神遊著小如客廳的餐館，看得出餐廳以小而美的特質賦予食客一種博學酷勁，彷彿懂門道的食客能會心暗笑，而外界必須等十年才得其門而入。夏天令人目不暇接，整條市街儼然是一場時裝走秀，大道全部變成年輕人的伸展臺。市區有一股我從未體驗到的熱度，從高樓大廈飄溢出來，而數百萬民眾擠進地鐵列車、酒吧、小而美食堂和咖啡店，傳出的熱氣也跟著湊熱鬧。我從未見過如此豐富的生命力。我從未想像過，這樣的生命力能以如此繁複的形體存在。這裡是各人心中獨有的聖地，全被塞進這一座城市。

然而，我一下電車，一回我住處附近，回到我的弗萊布許街或我的哈林區，同樣的恐懼感仍在。還是我從小認識的同一種男孩，跳著同樣的波普舞，以同樣的冷眼瞪人，打著同樣的暗號。若說紐約和我童年有何差別，差別在於，這裡的波多黎各裔和多明尼加裔有不少屬於白皮膚黑人。但他們的習俗和我們相近，有同樣的步態和花式招呼，全帶給我熟悉感。因此，在任何一天，經過市區時，我能體會數種不同紐約風情——瞬息萬變型、野蠻殘暴型、金錢至上型，有時集以上各型為一體。

也許你記得，有一次我帶你去上西城區觀賞《霍爾的移動城堡》。那時你將近五歲大，戲院裡人擠人，散場時，我們搭一座接一座電扶梯下去一樓。你以拖拖拉拉的幼童動作下電梯，被後面的一個白皮膚女人推一下，被她罵說，「快點啦！」在那一瞬間，很多反應同時發生。我的反應之一是天下父母心，一見到陌生人碰觸自己子女身體時都會有的反應。反應之二是，我自覺無能好好保護你的黑人軀體。反應之三：我覺得這女人正在仗勢欺人。我知道，假設她來到我住的弗萊布許街附近，她一定不敢亂推黑人小孩，因為她在那一帶會害怕，她至少潛意識明白，輕舉妄動會受懲罰。但我不是在我的弗萊布許街，而且我也不在巴爾的摩西區，更已遠離聖地。我全忘了。我只意識到，有人援引她的個人權益，用來打壓我兒子的軀體。我轉身，對這女人講話，正在氣頭上的我，個人史扛在肩上的我，語調很衝。她受到驚嚇，畏縮一下。站在一旁的一個白人男子跳出來，替她講話。我認為他的舉動近乎英雄救美，企圖擊退我這頭野獸。他絲毫沒有護衛我兒子的意思。人群圍過來，有其他白人為他助陣。救美的男子湊進過來，嗓門加大，被我推開。他說，「我可以報警逮捕你！」我不在乎，我告訴他。我想罵的字眼在喉嚨裡發燙，幸好當時我念及站在一旁的某人——你，我才把怒火硬壓下去。你從未親眼見過我發過這麼大的脾氣。

回到家，我大受震撼，一來是慚愧自己重拾黑街法則，二來是憤慨——「我可以報警逮捕你！」換言之：「我可以奪走你的軀體。」

這故事，我講過不知多少次了，並不是想吹噓，而是覺得有贖罪的必要。我從小就沒有暴力傾向。即使在青少年期，在我領教黑街法則時，認識我的人都知道，我不適合在黑街闖蕩。有些人自衛時正氣凜然，動粗施暴時理直氣壯，事後覺得走路有風，我卻從來沒有同感。每次我把人壓在地上，無論當時氣的是什麼事，事後我總為了自己低下到用最粗鄙的溝通方式而反感。麥爾坎．X能講進我心坎裡，原因不是我愛暴力，而是因為憑我一生經歷，我無法認同民權運動黑人歷史月的烈士，無法將催淚瓦斯視為解放。然而，比實際的暴力更令我汗顏、最令我後悔的是，在捍衛你的同時，我其實置你於險境。

「我可以報警逮捕你，」他說。換言之，「你兒子最早的回憶之一是看著雞姦亞布納．路易瑪（Abner Louima）、勒死安東尼．拜耶茲（Anthony Baez）[26]的警察銬住你、棒打你、電擊你、扳倒你。」我當時忘了規則，這種疏失在曼哈頓上西城區和在巴爾的摩西區同樣危險。在這裡，萬萬不得走錯一步。單縱列行走。靜靜習作。多帶一支二號鉛筆。不許犯錯。

但你是凡人，凡人難免犯錯。你難免誤判情勢。你難免會提高嗓門。你難免會灌太多酒。你難免交到損友。不是每個人都能天天仿效傑基．羅賓森（Jackie Robinson，大聯盟史上首位非裔美國人球員）——連傑基．羅賓森都不見得能天天是傑基．羅賓森。但是，對你而言，你犯錯的代價高於國人犯錯的代價，而美國一遇到黑軀體被毀損的事件可能會找檯階下，劈頭必定找當事人的碴——虛實都一樣，例如在艾瑞克・賈諾爾事件，他錯在不該發脾氣；在崔旺・馬丁事件，他錯在不該撂一句匪夷所思的狠話（「你今晚死定了」）；在史恩・貝爾（Sean Bell）事件，他錯在不該亂交損友。[27]至於童年的我，錯在我和拔槍的小眼男孩站得太近。

每個社會撰寫輝煌成就史時，幾乎全以最能自我吹捧的事蹟寫起。在美國，觸發光榮史頁的事蹟幾乎總以某強人的單一行為呈現。你常聽人說，「促成變局只需一個人。」這也是迷思。也許單獨一個人就能產生作用，沒錯，可惜這作用無法把你軀體提升到和同胞平起平坐的地位。

歷史的事實在於，黑人仍未能單憑黑人的努力解放自我，而史上大概也沒有任何族群能。以非裔美國人所歷經的每一場重大變革而言，我們見到史家寫下我們個人無法控制的事件——並非盡善盡美的事件。我們在北方殖民地獲得解放，不能和革命戰爭灑的熱血撇清關係；南方奴隸得到自由，也不能和南北戰爭的藏骸所撇清關係；黑人掙脫歧視而出，也不能和二次大戰種族大屠殺撇清關係。歷史不全然在我們手中。儘管如此，你被點名出來奮鬥，不是因為打拚能確保你戰勝，而是因為打拚能確保你過著自重安康的生活。我為了那天的舉動感到慚愧，為了致你軀體於險境感到慚愧。但我不因自己是不良父親、惡人、舉止不體面而慚愧。我慚愧的是，我明知黑人的小過必鑄巨禍而犯錯。

環顧我們四周，歷史全這樣寫，只可惜願深思的人少之又少。假設在我兒子被推一把時，我能告訴那女人說，她的舉動依循的是視黑軀體低人一等的傳統，她的回應八成會是，「我又不是種族歧視者。」或許真的不是。但根據我在這世上的體驗，自信是白人的族群總沉迷於自我脫罪的伎倆。對這種人而言，「種族歧視者」一詞就算無法聯想到嚼菸草吐痰的粗佬，也一定能聯想同樣奇幻的角色——半獸人、醜靈、蛇髮女妖。有一位演藝人員面對一個在臺下叫囂的觀眾反覆罵：「他是黑鬼！」被人錄下公開，事後他的回應是：「我不是種族歧視者。」再看看支持種族隔離政策的參議員史崇姆．索蒙德（Strom Thurmond），尼克森對他的結論是，「史崇姆不是種族歧視者。」美國沒有種族歧視者，即使有，非當白人不可的族群也不可能認識。在集體動私刑的年代，行刑者的身分難以判定，因此媒體報導這類死訊時，常以「動手者身分不詳」搪塞。一九五七年，賓州勒維特鎮（Levittown）的白人想維持種族隔絕的狀態，以此宣言主張權利：「身為道德高尚、信仰虔誠、遵守法律的國民，我們願保持鎖鎮的狀態，並自視此願望無偏見、無歧視。」犯下丟臉的行為，卻想擺脫所有懲罰，可以用這種說法脫罪。我以這例子讓你明白，為非作歹還敢高聲嚷嚷的舉動古今皆有。

「我們寧可說，這種人不存在，世上沒有這種人，」索忍尼辛寫道。「為惡者必須先相信自己的行為是善良的，否則必須相信其行為經慎重考慮，符合自然法則。」大夢的根基在此——大夢信徒不能只信大夢，而且還要相信大夢做得剛正，相信擁有大夢是勤奮、榮譽心、績效好的自然結果。即使承認難堪的年代也是一筆帶過，而且過往的壞事也沒有壞到殘留遺毒到今天。有些人不肯正視聾人聽聞的獄政體系，不肯正視蠶變為軍隊的警力，不肯正視塹傷黑軀體的持久戰，而這種視而不見的氣概不是一夕之間醞釀的。這如同有些人習慣自戳眼珠並遺忘自己的手做的好事。想正視這些聳人聽聞的現象，必須避不接受國家向來自我標榜的亮麗形象，必須轉頭面對較混沌未知的事物。對多數美國民眾而言，做這件事仍太難了。但這是你的任務。就算只為了維護心智的尊嚴，你也非做不可。

我國的全盤論述都和你本身的現實背道而馳。你很可能還記得，那年夏天，我租車，讓你和堂哥克里斯多福（Christopher）坐後座，開車去參觀古蹟彼得斯堡（Petersburg）、雪利莊園（Shirley Planation）、荒野戰役（the Wilderness）。[28]我醉心於南北戰爭，因為那場戰火奪走六十萬條人命。可惜的是，在我受教育的過程裡，這段歷史被兩三筆帶過。在流行文化裡，南北戰爭的刻劃和事由似乎被模糊了。而我卻知道，黑人在一八五九年被奴役，在一八六五年自由，在這兩年之間發生的事在我心中舉足輕重。但每當我參觀這些戰場，我的感覺總像有人藏帳冊，而我是個愛管閒事的會計想查帳。

我們在彼得斯堡戰場看過一齣影片，不曉得你記不記得，片尾南軍潰敗的氣氛彷彿是災難的開端，不值得歡慶。你大概不記得有個解說員穿著南軍灰羊毛衣，大概不記得所有民眾似乎最有興趣參觀側翼攻防戰略、口糧、滑膛槍、葡萄彈、鐵甲艦，卻幾乎無人想瞭解這其中的工程、發明、設計全被應用在哪一方面。你年僅十歲。但即使在當時我也明白，我非煩你不可，一定要帶你多進一些場合，讓你嘗嘗被人當成白癡來羞辱的滋味，讓你知道，盜匪對你為非作歹時，會拉你一同參與，會假基督徒行善的幌子燒殺擄掠。但自古以來，這全是盜匪行為。

南北戰爭之初，被搶走的黑軀體總值四十億美元，超越全美所有產業、所有鐵

V 26
BATTLE OF
NEW MARKET HEIGHTS
On 28 September 1864, elements of Maj. Gen. Benjamin F. Butler's Army of the James crossed the James River to assault the Confederate defenses of Richmond. At dawn on 29 September, 6 regiments of U. S. Colored Troops fought with exceptional valor during their attack along New Market Road. Despite heavy casualties, they carried the earthworks there and succeeded in capturing New Market Heights, north of the road. Of the 16 Medals of Honor awarded to "Negro" soldiers during the Civil War, 14 were bestowed for this battle. Butler wrote that "the capacity of the negro race for soldiers had then and there been fully settled forever."

路、工坊、工廠的產值。被搶走的黑軀體主要生產棉花，是美國最重要的出口商品。當時的美國最有錢的富人住在密西西比河谷，靠黑軀體致富。我們的軀體被最早幾任總統束縛。我們的軀體被第十一任總統波爾克（James K. Polk）從白宮賣掉。我們的軀體建造國會和國家廣場（National Mall）。南北戰爭的第一槍在南卡州開火，而黑軀體在該州占多數。大戰的動機在此。這不是祕密。但我們不必再被蒙在鼓裡，應揪出坦承罪行的大盜。密西西比州退出合眾國時，曾宣布：「我們的立場完全與奴隸制一致，奴隸制是全世界最大的物質利益。」

有一次參觀蓋茨堡時，我們全家三人站在亞伯拉罕・布萊恩（Abraham Brian）家外面，你記得嗎？當時另有一位年輕人，自學了不少蓋茨堡黑人史。他解釋，在蓋茨堡戰役最後一天，喬治・皮克特（George Pickett）揮軍進攻，布萊恩農場位於陣線尾端。年輕人告訴我們，布萊恩是個黑人，蓋茨堡住著一群自由黑人，布萊恩家見蓄奴派軍隊迫近，惟恐喪失軀體而逃離家園。當時備受敬重的神聖南軍由李將軍（Robert E. Lee）領銜，率軍從黑人手裡奪走黑人，轉賣至南方。皮克特的軍隊被北軍擊退。時隔一個半世紀，我站在戰場上，回想起福克納筆下一角色的名言。那角色回憶著奴派敗北一事如何激盪所有「南方」男孩的思想──「一切仍在平衡中，仍未發生，甚至尚未開始……。」[29]福克納筆下的南方男孩是清一色白人。當時我駐足黑人農場上，遙想布萊恩舉家逃亡，以免被南方奴役，想像著皮克特將軍的士兵橫掃歷史，瘋狂追討著莫名其妙的與生俱來權利──毒打、強暴、搶劫、掠奪黑軀體的權利。所謂的「平衡中」就是這意思，道破懷舊時刻說不出口的爛核心。

然而，美國的統一建築在安安穩穩的論述上，把奴役說成善心，說成奪取黑人的白人騎士，把戰爭浩劫說成一種賽事，終場時可以說雙方秉持英勇、榮譽心、銳氣應戰。南北戰爭的這套謊言就是無知的謊言，就是大夢。史學家編織大夢。好萊塢強化大夢。小說和冒險故事為大夢鍍金。小說人物約翰・卡特（John

Carter）從垮臺的南方逃向火星。[30]讀者不該問他究竟想逃避什麼。和我認識的所有小朋友一樣，我也喜愛影集《飆風天王》（*The Dukes of Hazzard*），[31]但兒時的我想法不夠成熟，沒有考慮到，兩個開著「李將軍」為名的車的亡命之徒，為何一定要描寫成「不過是兩個好老兄，從來無意傷害人」——做大夢者的座右銘非這句莫屬。然而，有意或無意，既不重要也無關痛癢。勒死艾瑞克．賈諾爾的警官那天是否橫心打算摧毀軀體，你信不信並不重要。你只需瞭解，那位警官帶著國家賦予的大權，承載著美國傳統，而這兩個東西迫使每年被毀損的軀體數當中，黑人占絕大多數。

我願你知道的是：在美國，毀損黑軀體是傳統——**是傳承**。奴役不僅是帶著無菌手套借用勞動力——逼人類違抗自身基本利益行事並不容易。因此，奴役必須是隨性暴怒、隨意亂砍，有人膽敢逃脫，勢必被打得頭破血流，腦漿飛迸至河面。軀體一定要定期加以強暴，以提升至工業用的等級。這種話，我找不到能提振心情的方式訴說。我沒有讚美曲可唱，沒有古老的黑人靈歌。靈與魂是體與腦，而體腦一敲即破，所以才寶貴。魂不會逃走。靈不會張開福音之翼悄悄飛掉。魂是滋養菸草的體，靈是灌溉棉花的血，一同為美國花園孳長第一批果實。為確保果實豐收，兒童挨柴薪毒打，肢體被火熱的鐵條剝皮，如同剝玉米殼一樣。

非流血不可。舌頭一定要被釘子釘穿，耳朵一定要被剮掉。南方女主人寫道，「有點不順從，過於怠惰、鬱悶、懶散……。動用棍棒。」廚房幫手攪拌牛油，態度優哉，非毒打一陣不可。某女人「上週六以三十鞭伺候……週二再賜許多鞭」。想瓦解黑軀體、黑人家庭、黑人社群、黑人國度，只能運用馬車鞭、火鉗、爐鉤、鋸子、石頭、紙鎮，隨手拿得到的東西都管用。黑奴意志被粉碎成牲口，被烙印成保險。這些軀體象徵一份渴望，猶如一片印第安土地、一座陽臺、一位美豔嬌妻、一棟山間避暑別墅一般有利可圖。對於有必要自認是白人的族群而言，這些軀體是開啟社交俱樂部大門的金鑰，毀損軀體的權利是文明的象徵。偉大的南卡州參議員約翰・C・卡爾宏（John C. Calhoun）曾說，「社會的兩大類別不是富人和窮人，而是白人和黑人。前者不論貧富，皆屬於上流階級，同樣受尊重，待遇相等。」以毀損黑軀體的權利來詮釋神聖平等權。而那種權利總給予他們意義，總意味著有人在谷底，因為山底若沒有支撐物，山不成山。[32]

兒子，你和我正是所謂的「山底」，在一七七六年如此，在當前也是。如果沒有你，他們也不存在。如果沒有擊碎你的權利，他們鐵定從山上墜落，失去神性，跌出大夢。隨後，他們在建築郊區時，將必須決定，如何以人骨以外的建材造鎮；如何不將監獄的立意設定為獸欄；如何建立一個不發生人吃人事件的民主社會。但由於他們相信自己是白人，他們寧可贊許一個依法被勒斃而被拍攝入鏡的倒霉鬼。他們寧可接受崔旺・馬丁的迷思，把一個雙手捧著糖果和無酒精飲料的瘦弱青少年，醜化成殺氣騰騰的惡煞。他們寧可看著普林斯・瓊斯被黑心警察跟蹤，穿越三轄區，然後因為普林斯做出凡人舉動而槍殺他。他們寧可在神智清楚的情況下，伸手推我四歲兒子一把，把他當成路上的障礙物，妨礙到他們太重要的一天。

我到了那種地步，薩莫里。不對。我穿越時空，回到巴爾的摩，周圍全是青少年。我在父母家客廳地板上，凝望著我百思不解的遙遠世界。我多年來的所有怒火一併爆發。我的心情想必和艾瑞克．賈諾爾臨死前的感嘆一樣。他說，「不要再鬧了」，然後遇害。縱使我不完全理解冥冥之中哪裡不公不義，我仍能感受到委屈。我尚未去過蓋茨堡。我尚未讀過塔沃莉亞．葛林芙（Thavolia Glymph）。我僅有那份感受，那份沉重。我當時尚未知道，現在仍未完全理解。但我略知的是，和大夢族共同生活是有負擔的，而你的國家為你的負擔再加一筆，因為國家告訴你，大夢高尚、真實、公正，如果你見到貪腐、嗅到煙硝味，是你自己瘋了。他們以天真的想法注銷你的憤怒和恐懼，直到你拿不定主意，你發現你竟然痛斥自己——「只有黑人才會……」——真正痛斥自己的人性，怒罵黑人區的治安低落，因為面對開創黑人區的歷史巨惡時，你無力可施。

明瞭自己屈居國家山底的礎石，那種感覺是慘到不得了，重創我們對自己的觀感，重創了人生，摧毀了我們遊走的世界和周遭的世人。努力去理解，這才是我們戰勝這種瘋狂的唯一優勢。到了我參觀南北戰爭戰場時，我得知戰場經過重建，成為一場大騙局的展示區。而這是我唯一的安全感，因為他們無法再以謊言侮辱我。我知道——而我得知的最重要一件事是，在他們內心深處，他們也知道。我一廂情願的想法是，「知道」或許防止了我置你於險境，而因為我搞清楚了憤怒何在，我能控制怒火。我一廂情願的想法是，我本可對那女人講幾句必要的話，然後走開。想歸想，但我無法保證。我真正能教你的唯有奮鬥，因為這世上你能掌控的唯一一部分就只有它。

對不起，我無法療你的心傷。對不起，我無法救你。但我並不十分難過。我有點認為，正因你脆弱，你才有機會貼近人生真諦，反觀其他人，在追求白化的路上，他們反而和真理絕緣。事實是，他們夢做得再美，他們的生命也並非無可侵犯。當他們也變得真正脆弱時，當警察決定把黑人區戰略擴展至白人區，當武裝社會射殺他們的子女時，當大自然以颶風對付他們的城市時，他們飽受震撼的程度之重，讓我們這些自幼明瞭因果關係的人絕無法體會。我不願你照他們的方式生活。以你生長的族類而言，勁風總對著你臉上直吹，獵犬總緊追你不捨。這一點放諸四海皆準，只是程度不等而已，差別在於，你沒有特權放著這基本事實不去理解。

我以我習慣的方式對你講這道理，盼你能符合我期望，成長為一個理智、認真的男人，不為自己的七情六慾道歉，不為自己的身高、長臂、俊美的微笑找藉口。你漸漸醒悟了，而我期許你，不需為了讓別人自在而局限自我。反正再怎麼局限，也無法改變公式。我從不指望你比他們加倍好，只盼你在短暫而亮麗的童年每日奮戰。千萬不要拿自信是白人的族群為榜樣以丈量自我。我不願你墮入自己美夢的深淵。我願你在這個既美麗又可怕的世上好好當個意識青年。

有一天，我去芝加哥採訪，主題是北方都會區的種族隔離史實，探討政府如何操縱這方面的政策。郡警准我隨行採訪他們執勤的動態。那一天，我見到一位黑人痛失家園。我跟隨郡警進他家，見到一群警察正和他妻子溝通，妻子同時忙著照顧兩個孩子。被郡警找上門，她顯然措手不及，但從她丈夫的神態可知，丈夫多少心裡有數。妻子以眼神傳達她對此情此景的震驚，對警察感到憤怒，對丈夫感到憤怒。警官站在客廳裡，指示他遵守接下來的命令。搬運工在屋外等候。丈夫備受羞辱。我能想像，家園危機近在眼前，他八成早已知道，但苦水一直往肚裡吞，打死也無法逼自己正視現實，無法向妻子坦承以告。現在，他把滿腔怨氣昇華為怒火，針對警官噴射，叫罵著，詛咒著，舉手亂指。處理本案的郡警局做法比多數單位開明，為顧及監獄爆滿的窘境，在執行驅逐令時，通常會偕同一名社工前往。但警局的動作再和緩，也無關這男子生活圈裡的無情潛在邏輯。這邏輯建築在法律上，而法律建築在歷史上，而歷史建築在藐視這男子一家與其命運上。

丈夫繼續發飆。警官轉頭不理他，他照樣再大吼大叫，對象改成在屋外待命、即將讓他全家露宿街頭的一群黑人搬運工。丈夫的舉止就像我認識的所有無力可施的黑人，肢體動作誇張，以掩飾他們無力避免的一場斬根式的掠奪。

採訪的一星期中，我周遊市區，穿越空地，看著遊手好閒的青少年，在財物窘困的教堂裡坐著，在紀念亡魂的街頭壁畫前強保鎮定。有幾次，我拜訪市內黑人老前輩的寒酸住家，有幾位年高九旬。這些人活得精采。他們的住家裡擺滿光榮一生的標記物——榮譽市民獎、亡夫亡妻遺照、數代子孫畢業照。在移居芝加哥之前，他們靠著進豪宅打掃，靠著蝸居阿拉巴馬州一房一廳的小屋，才掙得這些禮讚。然而，搬來芝加哥後並沒有苦盡甘來，發現這裡同樣是一場掠奪，差別只在這裡的掠奪機制更精密。他們身兼兩三份工作，讓小孩讀完高中大學，成為社群棟梁。我敬仰他們，但我也同時明瞭，我只遇到倖存者，這些人挺過認錢不認人的銀行嘴臉，忍受過房屋仲介的假慈悲——「抱歉啦，你中意的那棟房子昨天賣掉了」——房仲接著帶他們回黑人區，或者去黑人區預定地看房子。他們也吃過房貸業者的苦頭。房貸業者相中這群任人宰割的階級，想盡辦法剝奪他們的一切。在他們家裡，我見到黑人菁英，但在每位菁英背後，我知道有好幾百萬人落難了。

我也知道，在西區的黑人地段，有小孩誕生在雞舍似的鄰里，每一區的規劃都和新建社區相同。這些全是暗藏種族歧視的優雅之舉，全是聯邦政策創建的殺戮場，迫使我們再次被奪走尊嚴、家庭、財富、生命。普林斯命案和這些殺戮場上的命案並無二致，兩者追根究柢而言，全因外界認定黑人不是人。歷代相傳的掠奪，法律與傳統交織成的脈絡，一種傳承，一場大夢，謀殺了普林斯，更謀殺著北隆岱（North Lawndale）區的黑人，命案頻仍到令人心驚。「黑咬黑刑案」蔚為術語，成為言語暴力，塗抹掉主事者的黑手——制訂法規者、放款業者、規劃貧民國宅者、打造黑街並坑政府錢的建商。我們得知這點，不應該錯愕才對。黑人生命被掠奪是美國立國之初就有的事實，隨歷史的推演，事實變得更加鞏固，因此掠奪成了一種國寶，成了智力、知覺，成了一種預設的模式，成了到頭來我們極可能非退回不可的境界。

芝加哥、巴爾的摩、底特律的殺戮場由大夢族群的政策開創，這些黑人區的沉重和恥辱全落在裡面垂死掙扎的居民身上。這其中有著一場大騙局。高喊「黑咬黑刑案」，無異於對人開槍卻因他流血而罵他可恥。縱容這些殺戮場——縱容當局撲殺黑軀體——無異於縱容普林斯被謀殺。言行模仿白人、以白人自居的大夢謀殺了普林斯，更謀殺了芝加哥黑人，頻仍到了令人心驚的地步。切勿接受這套謊言。切勿喝他們的毒水。以紅線包圍普林斯生命的同一雙手也在黑人區周圍塗上紅線。

我不想讓你從小生長在恐懼中，不想為你留下虛假的記憶。我不希望你被迫掩飾歡樂並蒙眼。我盼你長大之後能覺醒。我決心對你毫無隱瞞。

你十三歲時，我頭一次帶你一起去上班，你記得嗎？有個黑人男孩和白人一言不和而被槍殺，我去訪問他母親。案發原因是男孩把音響開太大聲，拒絕調降音量。兇手把子彈射光後，開車載女友去旅館，喝酒，叫披薩來吃，翌日才悠閒去投案。兇手聲稱當時曾看見一支散彈槍，所以心生畏懼。他聲稱為了自保，才動用正義暴力。「我是受害者兼勝利者，」他聲言，一如歷代美國掠奪者的聲言。經調查，現場沒有散彈槍，但兇手的說法照樣影響到陪審團，因此兇手雖然被判有罪，罪名卻不是謀殺男孩，而是對著鳥獸散的同夥人連續開槍。毀損黑軀體是於法允許的——但更理想的做法是提高毀損的效率。

男孩母親決定把命案交給記者和文字工作者審理。她投宿在時代廣場旅館，約我們在大廳見。她身形不高不矮，褐皮膚，頭髮及肩。離判決書出爐還不到一星期，但她儀態從容，不怒罵兇手，只反問自己對兒子的教育夠不夠。她教兒子捍衛個人信念，尊重他人。如今，兒子竟因相信朋友身為美國青少年有權高聲聽音樂而送命。儘管如此，她仍不禁懷疑，「我在心裡一直問，『假如他當時不回嘴，不直言，他會不會活到現在？』」

她不會忘記兒子的獨特性，兒子獨一無二的人生。她不會忘記他有個疼愛他的父親，在她抗癌期間接納他。她不會忘記他是人來瘋，新朋友交不停，由她的休旅車接送。她希望以目前的努力來讓兒子精神永在。我告訴她，本案的判決令我憤怒。我告訴她，陪審團裡有人認定車上有槍的疑點不容排除，我認為這種情形費人思量。她說她也覺得困惑，也提醒我不能因她平心追問的態度就誤以為她心中無怒火。她說，上帝移轉她的怒火，從復仇導向救贖。上帝已開導過她，命令她踏上抗議的新旅程。接著，她站起來，轉向你，對你說，「你存在。你有重要性。你有價值。你有權穿帽T，有權盡情聽音響，有權忠於自我。不要讓任何人阻止你忠於自我。你必須忠於自我。你絕不能畏懼忠於自我。」

我慶幸她這麼說。我曾試圖對你傳達類似的道理，如果講得不如她明確，我承認是因為我害怕。我不信上帝，沒有上帝為我撐腰。我相信，當他們摧毀軀體時，他們摧毀一切。而我知道，無論是基督徒、穆斯林、無神論者，全活在這事實的恐懼中。魂體分離是一種恐怖主義，而魂體分離的危機能偏移所有生活軌道。和恐怖主義的效應一樣，這種扭曲也是刻意的。魂體分離是一頭噴火龍，迫使我童年的那群青少年囂張炫耀擁有權。魂體分離是惡魔，把中產階級黑人倖存者推進加倍消極被動心態，迫使我們在公眾場合言語受局促，迫使我們舉止中規中矩，絕不做手伸出口袋的動作，所有言行簡直在說，「我不會冒昧行事。」魂體分離是中小學時期的巨蟒，規定我要加倍優秀，而我不過是個區區小男孩。命案在我們四周頻傳，而我們內心深處幽靜的空間裡明瞭，我們難敵這些命案的黑手，別人命喪黑手是他們活該。我們沒錯。

我以這種方式測量自己在人生路上的進程：我想像自己回到巴爾的摩西區，繞過北街和普拉斯基街交叉口，迴避莫菲國宅社區，懼怕學校和黑街，是個迷途小孩。想像我把目前的生活畫像拿給他看，問他有何感想。你出生後兩年間，也就是我人生之役的頭兩回合，我只有一次相信他會失望。人生路來到這一站，年近四十，我寫這封信給你，雖然功不成、名不就，卻也遠遠超出當年那男孩的憧憬。我當不成黑街達人，因為我判讀肢體語言的速度不夠快。我當不成校園達人，因為我看不清學業能帶我走向什麼前途。但我也沒有失足。我娶妻生子。我有一份工作。出席聚會時，我不必再擡不起頭囁嚅說，我「試著成為文字工作者」。儘管我不信神，能身為凡人，能擁有研究學問的天分，能因此在宇宙萬物中成為特出的一體，這些事實仍令我暗暗驚嘆。

研究過程的大半時間，我苦思著正確的問題，藉問答來透徹明瞭世界與我之間的隔閡。我的時間不耗在研究「種族」的問題——「種族」本身是問題的重申和省略。不時有愚人——通常自以為白人——提議，前瞻的做法是來個黑白大雜交，全球最後融合成米黃色皮膚的單一「種族」。然而，有許許多多的「黑」人，皮膚已經是米黃色了。文明史上，已死的「種族」(法蘭克族、義大利族、日耳曼族、愛爾蘭族）隨處可見，後來被拋棄了，因為再也無法以這些名詞來遂行目標，無法再以權益的巨傘遮蔽一群人。

假使我的生命在今天結束，我會告訴你，我這輩子過得幸福快樂——我從研究、奮鬥當中獲得莫大喜悅。我在此鼓勵你奮鬥。你從此信已看出，這場奮鬥曾數度擊垮我，重塑我——在巴爾的摩西區、在聖地、成為父親後、在紐約。一次次的改變賜予我一股歡暢感，而這種歡暢只在沒有人能再對你說謊時才有，只在你排拒大夢時才有。但更重要的是，一次次的改變教導我如何善用研究的天分，以質疑我所見所聞，進而質疑隨後見到的事物，因為問題和解答同等重要，甚至可能比解答更重要。

但是啊，我的眼睛。我小時候，渾身最痛苦的地方莫過於雙眼。以童年的標準來論斷，如果說我家境不錯，必須附帶說明，這種標準受限於我這類被捆綁階級的井蛙之見。如果這麼說，大夢似乎是巔峰——致富並住進鄉間的獨棟房屋，進駐小巧社區，住在彎道柔和的死巷裡。青少年電影在這裡拍攝，有小孩建樹屋，在升大學前迷惘的最後一年，青少年把車停在湖畔，在車上做愛。對我來說，大夢似乎是世界末日，是美國志向的頂點。在電視美景以外，在比郊區更遠的地方，還有什麼比這更美？

你母親知道。也許是因為她在這一類環境裡長大，因為她住在大蔘族的附近。也許是因為自以為白的族群稱讚她聰明，後來又對她說，她其實不算黑，以這話來恭維她。也許當時有黑人男孩告訴她，「以黑皮膚女孩來說，她算是漂亮了。」你母親始終覺得在家坐不住，因此往外發展成為她必達的使命，驅使她前進聖地，驅使她前進紐約，進而放眼天下。在她三十歲生日那天，她去巴黎旅行，不曉得你還記得嗎？你那時才六歲。她出國的那星期，我們吃炸魚當早餐，以蛋糕當晚餐，內衣褲亂扔在桌上，鬼臉煞星（Ghostface Killah）的饒舌歌大放送。我不曾想離開美國——甚至連出國一陣子也沒有考慮過。我朋友傑拉尼（Jelani）的生長環境和我差不多，他曾說，他以前認為旅遊是毫無意義的奢侈品，就像放著房租不繳，錢拿去買一套粉紅色西裝。我當時也有同感。你母親為何對巴黎懷抱美夢，我想也想不透。我無法理解她的憧憬美在哪裡，也不認為有必要去理解。當時的我有點像坐在七年級的法文課堂上，只關心眼前自身安危，把法國當成和木星之類的星球。

你母親終究去了法國。回國後，她的眼神因法國帶回來的希望而雀躍，不僅僅是她個人懷抱的希望，也是為你我懷抱的希望。那種感覺莫名其妙擴散開來，就像談戀愛的滋味——讓你開心的事物極其渺小，讓你晚上樂得睡不著的事物唯有你能心領神會，你若想向人解釋，獲得的唯一回報只有對方禮貌性的傻傻點頭。你母親在巴黎各地拍了好多相片，主角是門，巨大的門——深藍色、黑檀木色、橙色、土耳其藍、紅豔豔的門。在我們哈林區小公寓裡，我細看這些巨門的相片。我從未見過這種東西。我從未想過，世上居然存在這種巨門，居然在世上一角如此常見，卻在另一角踏破鐵鞋找不到。而聽她敍述時也想到，法國不是一種思想實驗，而是真實的地方，住著真人，傳統和我們不同，生活是真的天南地北，美感也和我們不同。

回首時，我知道當時的我得到的訊息來自各界。那時，我的朋友圈中有許多人和很多不同的世界掛鉤。長者以前常說，「讓我們種族驕傲吧。」但那時候我知道，與其說我在生物學上隸屬一「種族」，倒不如說我隸屬於一群人，而這群人不一定是黑人，膚色不一，外表也不一致。這群人結合在一起，是因為他們被大夢壓得苦不堪言。他們為了美麗的事物而凝聚成群，也因為言語和習性、美食和音樂、文學和哲學相近而相吸，在大夢的高壓之下，淬礪出晶鑽般的共同用語。不久前，我在機場轉盤提領行李，不慎撞到一位黑人青年，趕緊說，「是我不好。」（My bad）他不擡頭看就說，「你正直。」（You straight，沒事之意）簡短的一陣交流就傳達了太多默契，唯有黑人部落的兩個陌生人之間才有的默契。換句話說，我是某個圈子的一分子。如果往外看，我有些朋友也是其他圈子的一分子——猶太人圈子、紐約人圈子、南方人圈子、男同志圈子、移民圈子、加州人圈子、美國原住民圈子、或是以上圈子的任何組合，圈圈相扣，拼湊成織錦畫。雖然我永遠無

法成為這些圈子的原生物種，我知道，沒有像種族如此本質主義的東西，擋在我們之間。到那時，我已經讀過太多東西了。而我的眼睛——我這對美麗、寶貴的眼睛——眼力正逐日加強中，我看見將我隔絕於這世界的並非黑人固有的任何特質，而是別人對我們導致的實質傷害——因為他們執意為我們命名，執意相信我們盡再多力，也難敵這名稱的重要性。在美國，這種傷害並非來自天生膚色較深、嘴唇較豐滿、鼻子較寬扁，而是來自出生以後發生的所有事。和黑人青年短暫交流時，我講的是族人互通的語言，親暱感雖稍縱即逝，卻能捕捉我的黑人世界之美——你母親和我之間的自在隨意、聖地的奇蹟、我在哈林區感覺自己成為隱形人。硬將這份感覺稱為種族，簡直是把祖先雕琢的所有鑽石全交給掠奪者。那份感覺是我們製造的，儘管是在命案死者、被強暴者、魂體分離者的陰影下鍛造成形，那份感覺依然出自我們之手。我親眼所見過的美就是這個。在我能向外發展之前，我想我需要這據點。我想我需要知道我來自某地，我家和任何人的家一樣美。

見到那些法國門的相片後七年，我領到我的第一本成人護照。但願我能早點領到就好了。但願我當年學法文時，能及早把語尾變化、動詞、雌雄名詞集合成更高遠的理想。但願當時有人點破法文課的真正用途：通往另一個藍色世界的門路。我想親眼見見那個藍色世界，參觀那些巴黎門以及門內的一切風光。在我出國當天，我和你母親坐在餐廳裡。她教過我很多東西。我對她說，「我很害怕。」我的法文不太好。我不懂法國風土民情。我這一趟獨行。她默默聽，握我的手。那天晚上，我搭上一艘星艦。星艦航向黑夜，戳破夜空，衝過巴爾的摩西區，衝過聖地，衝過紐約，劃過我所知的任何語言與族裔光譜。

我買的機票首先載我到日內瓦。下飛機後，過程非常緊迫，趕快匯兌，趕快找接駁電車進市區，然後轉搭火車去巴黎。幾個月前，我開始學法文，學得走走停停。現在我置身法文暴風雨裡，被淋得濕漉漉，卻只懂幾小滴——「誰」、「歐元」、

「你」、「在右邊」。我仍非常害怕。

我查看火車時刻表，明瞭到，只要買錯一張票，我就會誤闖維也納或米蘭，或坐到一個我認識的人全沒聽過的阿爾卑斯山村。我當下領悟到，感覺離家好遠，感到恐懼，感受到無從得知的種種可能性，百感交集。懼怕、茫然、歡喜，全揉合成一股亢奮。這種亢奮並非全然陌生，感覺近似在摩爾倫研究中心淹沒我的那陣浪，近似我在西百老匯看人端著葡萄酒杯上街時的那陣迷醉。以前看著巴黎巨門的相片，我也有同樣的感受。在那一刻，我瞭解到，人生路上歷經的變化，有痛苦，有彆扭，有迷惘，全是為我界定人生的事實。我首度明白自己不僅真的活著，真的在研究觀察中，也明白即使當年住在巴爾的摩時，我始終活得好好的。我一直活著。我一直在轉譯。

巴黎站到了。我住進第六區的一家旅館。我對本地歷史一竅不通。我不常想起鮑德溫或萊特。我沒讀過沙特或卡繆。縱使我走過花神咖啡館（Café de Flore）或雙叟咖啡館（Les Deux Magots），當時的我也不會特別留意。一切都不重要。那天是星期五，重要的是人群在街頭熙來攘往，景象令我讚嘆。青少年聚集在咖啡店。學童把背包扔一邊，在馬路上踢足球。老夫妻或穿著風衣，或兜著飄逸的圍巾，或休閒西裝。二十幾歲的年輕男女斜倚店裡，上身露出窗外，看起來既美又酷。我聯想起紐約，但這裡少了紐約那份無所不在的微量恐懼元素。巴黎人不穿盔甲，即使有，我也認不出來。巷弄裡有酒吧、餐廳、咖啡館，沿路擁擠。大家都步行。不走路的人正在擁抱。我志得意滿，不可一世。我的凱薩髮型整理成幾何圖形，一身勁裝颯爽如寶劍。我走出去，融入巴黎市區，宛如牛油入燉鍋。在我腦海裡，我聽見博爺（Big Boi）唱：

> 我只是那樣的玩家，牛仔褲燙得直挺挺，
> 有件新白T恤，帽沿微指東方。

我約友人晚餐，這家餐廳只有兩間大客廳一般大，桌子全擠在一起，入座時需要女服務生施展法術，先拉開一張桌，然後把客人塞進去坐下，像小孩坐兒童高椅。想上洗手間？先找服務生過來幫忙。點餐時間到，我操著菜到爆的法文溝通，她點點頭，沒有笑我，也不以虛假的態度敷衍我。我們喝到一瓶香醇到不可思議的葡萄酒。我點的是牛排。我也吃到沾骨髓的法國麵包。我吃到肝。我喝義式濃縮咖啡，點心的名稱根本講不出來。我用盡我懂的法文，想對服務生稱讚這一頓多美味，卻被她以英文插話，「是你吃過最棒的一餐，對吧？」我起身去散步。儘管剛虎嚥完菜單裡半數的餐飲，我仍覺得輕盈如羽毛。隔天，我一大早起床，散步逛市區。我去參觀羅丹美術館。我在一家餐館駐足，抱著在舞會搭訕美女的恐懼心，點了兩杯啤酒，然後點一客漢堡。我散步去盧森堡公園（Le Jardin du Luxembourg）。下午四點了。我找椅子坐下。花園裡人山人海，再度展現各式各樣的異國風情。就在這時刻，一股詭異的寂寞盤踞我心，或許原因是我一整天沒講過一個英文字，或許是我從未在公共花園裡坐過，甚至從不知道這是我想做的事。而在我四面八方，人們常常做這種事。

我忽然想到，我真的是置身別人的國家，然而，就某種必然的意義而言，我在他們的國家之外。在美國，我是一道算式裡的一部分——即使我不喜歡自己代表的那一部分也一樣。我是一個在非例假日中午在二十三街被警察攔檢的人。我是嚮往聖地、前進聖地的人。我不僅是父親，更是黑人男孩的父親。我不僅是配偶，更是黑人婦女的丈夫，是充滿黑人愛的象徵。但坐在巴黎的花園裡，我第一次當外國人，是個航海人——無陸地，無羈絆。我遺憾的是，我竟從未感受過這孤寂——從未覺得自己遠遠脫離別人的夢。如今，我感覺到世代枷鎖更沉重的負擔——我的軀體被歷史和政策囿限在特定地帶。我們有些人能掙脫。奈何這場遊戲扔的是假骰子。但願我懂得更多，但願我更早知道就好了。那一夜，我記得看著青少年聚集在塞納河畔步道上，做青少年常做的事。我記得當時心想，我多渴望人生裡也能這樣，多渴望能有一段遠離恐懼感的往昔。目前手裡或記憶中，我都沒有那段往昔，但幸好我有你。

同年夏天，我們重返巴黎，因為你母親喜歡巴黎，因為我愛法文，但最大的因素是為了你。

我希望你擁有自己的人生，擺脫恐懼感——甚至擺脫我。我是個受過傷的人。我被印上舊符碼，讓我在一個世界受蔽蔭，然後在下個世界被捆綁。我想起你祖母曾打電話給我，說你長得好高，說你遲早會想「測試我」。我對她說，萬一哪天你果真槓上我，我會自認父職完全失敗，因為假如我只能動手制住你，那麼，我其實根本制不住你。但是，兒子，原諒我，我懂她的意思，而在你小時候，我也動過同樣的念頭。如今我為那種念頭感到丟臉，為我的恐懼心慚愧，為我試圖拴住你雙腕的世代枷鎖感到可恥。在你我共同生活的最後這幾年，我但願以前的管教方式能溫和一點。你母親不得不教我如何愛你——如何親你，如何每晚睡前說我愛你。即使現在，我仍覺得這些動作感覺像儀式，不十分自然。那是因為我是個受過傷的人。那是因為我在老家學到的舊習綁住我。我生長在鐵石心腸之家，家園即使被國家圍攻，仍是一個溫情洋溢的家庭，但父母的管教方式確實是鐵石心腸。即使在巴黎，我仍甩不掉老習慣，遇人擦身而過時總不忘回頭留意，總有應戰的準備。

我們在巴黎待幾星期後，我找到語言交換的對象，互相磨練彼此的英法語。我約他在聖母院前方見面，遊人如織。我們走路去拉丁區。我們走路去一家葡萄酒專賣店，店外有位子。我們坐下，共飲一瓶紅酒。服務生端來堆得高高的肉、麵包、起司。難道是晚餐嗎？巴黎人常這樣吃嗎？我連想像都沒想像過。更令我憂慮的是，如此大費周張，難道是想誘我上什麼鉤？對方請客。我謝謝他。然而，臨走時，我確定先離開的人是他。他想帶我去參觀巴黎似乎每街角都有的古屋。

在他帶著我前進的路上，我篤定他會冷不防鑽進某個巷口，讓巷內伺機而動的同夥搶走我的……我有什麼寶貝好搶？幸好這位新朋友只想帶我看看那棟古屋，然後和我握握手，親切道一聲晚安再會，然後步入寬廣開放的夜色。望著他漸行漸遠，我覺得自己錯過了交流經驗的一部分，都怪我的眼睛，都怪我這一對在巴爾的摩製造的眼睛，被恐懼感蒙蔽的眼睛。

我希望你能擺脫這種嚇得人瞎眼的恐懼心，甩得愈遠愈好。我盼你能多看一些不同的人依循不同的規範過日子。我希望你看看咖啡店裡並肩坐的情侶夫妻，看他們面向街頭而坐；看看不戴安全帽、穿白長裙、騎舊腳踏車上街的婦女；看看穿著牛仔熱褲、滑著粉紅溜冰鞋的女子咻然劃過身旁。我希望你看看穿著鮭魚紅的長褲、白亞麻衫，以色彩鮮豔毛衣纏掛脖子的男子；看看繞過街角消失、隨後開著名貴敞篷車折返的男子，看他們享受人生。所有人都抽菸。所有人都知道，只要轉個彎，就可能慘死，或可能欣然撞見性愛轟趴。我們來到聖日耳曼德佩區

（Saint-Germain-des-Prés）時，你的眼神像燭火灼灼，你記得嗎？我活著，為的全是看那副表情。

即使在當時，我就希望你能覺悟，能瞭解到，縱使只遠離恐懼片刻，並不表示你從此不必再奮鬥。你和我，即使黑皮膚在不同地方具有不同涵義，我們永遠是黑人。法國建築在法國自己的夢之上，也壓著法國自己殘害的一群軀體。別忘了，你的名字正是取自反抗法國、反對殖民盜竊政策的人士。沒錯，在法國，皮膚不能代表我們的為人，法文講不通也曝露美國人本色。沒錯，自認是白人的美國人審視我們的眼光有異——帶淫猥的意味。在法國，我們不受奴役。我們不是他們的「問題」民眾，不是他們的民族罪惡感。我們不是他們的黑鬼。若說這情況值得安慰，我倒不鼓勵你沉溺在這種感覺裡。記得你名字的由來。記得你和我是兄弟，是大西洋盆地強暴事件的產物。記得跨海販奴史實伴隨來的廣義醒悟。記得這份醒悟絕不能以種族一詞修飾；這一定是天意。記得你在街上見到帶小孩乞討的吉普賽人，記得他們受路人的唾棄。記得阿爾及利亞裔計程車司機，不諱言他對巴黎的恨意，然後轉頭看你母親和我，堅稱我們全團結在非洲旗幟下。記得我們全被巴黎美景震懾心動，彷彿這城市是龐貝古城的接班。記得我們參觀一座座公眾大花園、慢吞吞享用午餐的心情，全有可能被我們無法完全理解的效應摧毀，而這種效應類似我們的規範，類似我國的懲罰。

幸好我好友班和珍奈夫妻能同遊——總要有人跳進來敲醒我們，巴黎人建造的城市再令人讚嘆，我們也不能不瞭解造城的事實。他們也是成年後才懂得旅遊樂趣。他們在美國也是黑人，也常關心軀體的安全。而我們全都意識到，在美國鉗制黑軀體的勢力和賦予法國今日財富的動力並非無關聯。我們意識到，他們的成就大多來自掠奪海地人軀體，掠奪沃洛夫族（Wolof，塞內加爾）軀體、消滅土庫勒國（Toucouleur）、占領比三督古（Bissandugu，幾內亞西南部）。

同一年夏天，崔旺．馬丁的兇手獲無罪開釋，我也明瞭我接受，油門再怎麼踩，也達不到掙脫地球的速度。天涯何處不是家？我們搭火車北上民族廣場（Place de la Nation），珍奈、班、小朋友們一起為你慶生，你記得嗎？記得地鐵站外有個年輕人正在抗議嗎？記不記得他的法文標語？**對抗種族歧視的青年萬歲！美國：崔旺・馬丁，十七歲，只因黑皮膚就被槍殺，種族歧視者兇手卻獲釋。**

在我迷失方向的青少年期，我沒死。苦思不得其解的鬱悶也苦不死我。我沒有被關。我向自己證明，學校和黑街之外仍有第三條出路。我覺得自己撿回一條命，像從慘重的天災、瘟疫、雪崩、地震死裡逃生。如今，浩劫餘生的我抵達我曾以為是神話之邦的樂土，萬物似乎蒙上一抹光暈——粉色系巴黎圍巾亮灼灼，早晨麵包店飄散出的香氣令人陶陶然，四周的人話聽來不像語言，反倒比較像舞蹈。

你的路線將不同於我。一定不同。你在十一歲知道的東西，我甚至到二十五歲還懵懵懂懂。在我十一歲時，我的首要目標很單純，就是維護個人軀體的安全。我的生活方式是閃躲暴力，在家裡，在街頭都一樣。但是，你已經有你的期望，我看得出來。求生和安全不夠看。你的希望——可以說是你的夢想吧——在我心裡產生干戈錯綜的情緒。我非常以你為榮——你的坦誠、你的志願、你的進取心、你的智能。在我們僅剩的共處時光裡，我的任務是以智慧搭配那份智能。智慧的一部分是瞭解你已被賦予的東西——半數隊員講外語的足球隊、同志酒吧見怪不怪的城市。我想說的是，你被賦予的東西並不全屬於你，你感受到的美嚴格說來不是你的，成因泰半是你的黑軀體享受到多得不正常的安全感。

或許正因如此，當你發現麥可·布朗的兇手能逍遙法外時，你才對我說，你看不下去了。也許正因如此，你才落淚，因為在那一刻，你明瞭到，即使你享受著相對優渥的安全感，也永遠不敵以大夢為名的持續攻擊。當前的政治風向告訴你，萬一你遭遇類似攻擊，萬一你喪失軀體，到頭來錯總在你身上。崔旺·馬丁的帽T害他送命。喬丹・戴維斯（Jordan Davis）的音樂太吵，也害他送命。約翰・科洛富（John Crawford）千不該萬不該把玩店裡展示的步槍。卡傑米・鮑威爾（Kajieme Powell）不應糊塗到精神異常。這些人全應該有父親——即使是有父親的人也一樣，即使是你。大夢如果無法自我辯解，勢必崩塌成瓦礫堆。你最早從麥可・布朗案學到這教訓。我最早從普林斯・瓊斯案學到。

佛格森（Ferguson）市民麥可・布朗中槍死亡的實際過程，和多數仗義執言者的觀念有異。話雖這麼說，疑問背後的疑問卻從沒有人提出。攻擊為國執法的警官，罪該不該一死？是否能夠在不開庭的情況下，直接由警察擔任法官兼行刑者？我們期望文明世界淪為這副德性嗎？事情鬧得這麼大，佛格森市政府大夢族竟然還敢剝奪選民權益。（指因民眾抗議發布進入緊急狀態）他們凌虐穆斯林，（在葉門）以無人飛機轟炸婚宴（推說失誤！）。[33]大夢族引述金恩博士名言，因弱者不訴諸暴力而雀躍，因強者拿到最大支槍而狂喜。每次警察和我們交手，都可能導致死、傷、殘。有人說，任何人都可能碰到這種事，罪犯更有可能，但這種說法不夠中肯。從警察追蹤普林斯的那一刻起，他的生命就受威脅。大夢族接受這事實，認為這是做生意的代價，把我們的軀體視為貨幣，因為這是他們的傳統。身為奴隸，我們是美國的第一筆意外之財，是為爭取自由而下的訂金。南北戰爭的災禍和解放之後，接著來的是不願認錯的南方開始贖罪，接著是全國統一。黑軀體成了國家的第二房貸。新政時期，我們是他們家中的客房，是他們家中裝潢過的地下室。今日，監獄不斷擴展，已經把集體拘禁黑軀體的做法轉為大夢族的就業方案，變成大夢族有利可圖的投資標的；今日，全球囚犯只有百分之八是黑人，我們的軀體被用來房貸重組，資助白化者做大夢。黑命不值錢，但在美國，黑軀體是價值無與倫比的天然資源。

III

已將全人類帶至毀滅邊緣：
因為他們自以為是白人。

——詹姆士・鮑德溫（James Baldwin）

普林斯命案過後那幾年，我常試想親屬在他死後如何過活。我想起他的未婚妻，她的未來被無緣無故顛覆，不知她有何感想。我試想她如何告訴女兒，試想他女兒如何想像自己的父親，試想女兒何時會想念他，如何品嘗失落之慟。但我最想問的人是普林斯的母親，而我最常自問的總是同一句：她如何過活？我上網搜尋她的電話號碼。我發電郵給她。她回信了。我去電約訪。她住在費城近郊一座有圍牆的小社區，裡面是有錢人的住家。我登門訪問那天是星期二，雨天。我從紐約搭火車到費城，然後租車前往。在那之間幾個月，我常想起普林斯。我和你母親曾帶你回聖地，參加校友歸巢節（Homecoming），見到許多朋友，不見普林斯。

梅波．瓊斯醫師開門招呼我。她笑容可掬、禮貌、褐皮膚。有些黑人上了某歲數，確切年齡難以目測，下至四十、上至七十都有可能，瓊斯醫師就屬於這一型。以訪問的主題而言，她的神態尚屬鎮定，而在大部分訪問過程中，我難以揣測她真正的心情。我當時認為，她的眼神難掩哀慟，強顏微笑，而我找上門的原因令全屋子籠罩在黑布般的悲傷下。我隱約記得遠遠播放著爵士樂或福音歌曲，相反的，我也記得一股深沉的肅靜壓倒一切。我懷疑她可能剛哭過。我無法確定。她帶我進大客廳。屋內沒有其他人。當時是一月初，耶誕樹仍立在客廳一角，掛著長襪，上面繡著女兒和亡兒的名字。在桌上的相框裡，有一幅普林斯・瓊斯的相片。她端水請我喝，玻璃杯沉重。她喝茶。她告訴我，她生長在路易西安納州歐皮洛沙斯（Opelousas）郊外，祖先在同一區當奴隸，因此奴隸制度的影響力迴盪數代不消。「我四歲的時候第一次領悟到，」她告訴我。

有天，母親帶我進市區。我們搭灰狗巴士去。我跟在媽媽後面走。那時她沒有牽我手，我一上車，一見空位就直接坐下去。幾分鐘後，母親過來找我，拉我到公車後面坐，解釋為什麼我不能坐前面。我們家境窮得很，而我認識的多數黑人也一樣窮。我對白人美國的印象全來自逛市區，看到誰在商店守櫃檯，看見我母親的僱主。我漸漸瞭解，這兩者之間是有距離的。

這道鴻溝以各式各樣的方法對我們彰顯。有個七歲小女孩在學校被揶揄，回家問爸媽，「我們是不是黑鬼？黑鬼是什麼意思？」有時候，差別很微妙——觀察誰住哪裡、從事什麼職業、誰失業。有時候，差別大到無所不包。我從未問你自己如何意識到差別。是從麥可・布朗事件開始嗎？我不太想知道。但我知道，你已經看出差別了，你已經推斷自己屬於養尊處優的一型，卻仍和其他養尊處優的小孩有差別，因為你擁有的軀體比其他國民脆弱。我希望你明白的是，即使到頭來責任在你身上，這仍不是你的錯。責任在你身上是因為你被大夢族包圍。這和你褲子怎麼穿、頂著什麼樣的髮型無關。這差別是刻意的，和政策一樣，和隨之而來的遺忘同樣是刻意的。這差別能有效區隔掠奪者和被掠奪者、奴主和奴隸、地主和佃農、糧食和食人族。

瓊斯醫師態度矜持。以前人習慣稱她這樣的人「女士」。提到女士，我不禁憶起我祖母。她是單親媽媽，住貧民國宅，但談吐總顯得她家很多高級品似的。瓊斯醫師的父親家境如佃農，她兒時身邊所有人的家境也好不到哪裡去，她想逃脫貧窮。她描述自己的動機。她記得她當時說，「我長大不想過這種生活。」我見到她眼中的鋼鐵意志，記得我祖母也有鋼鐵般的眼神。你現在對她的印象應該很模糊吧——她過世時你才六歲。我當然記得她，但等到我認識她時，她的事蹟已經成了傳奇，例如她白天刷洗白人家地板，晚上唸夜校。但我仍能感應到，她憑著力量和正氣，衝破國宅，躋身屋主階級。

和瓊斯醫師共處，我也感受到同樣的力。她就讀小學二年級時，曾和另一女生約定，兩人長大後立志當醫生，最後信守承諾的人只有她。但在當醫生之前，她先突破鎮上中學的種族界線。起初，她勇於對抗侮辱她的白人學生。最後，同屆學生票選她當班代。她是賽跑選手。那學校是「很不錯的門道」，她告訴我，但她難以打進他們內圈。美式足球賽開打，學生們為我隊黑人跑衛加油，見對方黑人球員搶到球時，卻怒罵：「宰了那黑鬼！宰了那黑鬼！」她明明坐在旁邊，同學照樣罵，把她當成空氣似的。小時候，她常在教堂朗誦《聖經》。她向我訴說她被延攬進這一行的事由。母親本來帶她去應徵兒童唱詩班，試唱過後，唱詩班指揮居然勸她，「蜜糖啊，我認為妳應該用講的。」說著，她輕輕笑了起來，並非捧腹狂笑，對自己的軀體仍自制有方。我認為她正在熱身。她談及教會時，我回憶起你祖父，想到他追求知識的起點正是《聖經》朗誦。我想到你母親，她也一樣。我想到自己對教會敬而遠之，教會卻常常是黑人社群的唯一支柱。我常懷疑，我排拒教會，是否因而錯失了什麼，錯失了對天懷抱希望的某種概念，感知度平庸的我是否錯失了某種智慧，是我肉體搆不到的智慧，結果無法傳遞給你。我當時有此一想，是因為驅使瓊斯醫師不凡人生的動力超乎我的理解範疇。

她申請到大學全額獎學金。她就讀路易西安納州立大學醫學院。她進入海軍。她進入放射線科。當時除了自己，她不知有哪個黑人在放射線科當醫生。我猜測說，她這樣一定很辛苦吧，但她覺得這樣的臆斷太損人了。她不覺得當時有何不適應，她也不認為自己傑出，因為這樣做太瞧不起她的本事了，因為自認傑出會把部族期望捧上天，而值得一談的唯一期望應該源於對她本身的評估。由此看來，她的成功不令人驚奇，因為她做事總是卯足全力，不過火也不抄捷徑，只勇往直前。無論她想做什麼事，必定做到死而後已。她的人生取向如同菁英運動選手，知道對手陰險，知道裁判被收買，卻也知道總決賽近在眼前。

兒子普林斯．瓊斯的祖父綽號「洛克」（Rock），因此她稱呼兒子「洛奇」（Rocky）。我問他的童年事蹟，因為我其實對普林斯不太熟。他是我參加聚會時喜歡見到的人之一。對別人提到他時，我會以「好兄弟」稱呼他，但我對他的往來出入瞭解不深。她為我描繪他，好讓我進一步認識他。她說，他有一次把釘子錘進插座，害全家大停電。她說他有一次穿西裝打領帶，單膝跪地，對她唱情歌〈緣訂三生的戀人〉（Three Times a Lady）。她說，他從小就讀的學校全是私校——大夢族充斥的學校——但他所到之處都能交朋友，先是在路易西安納州，隨後搬到德州。我問她，他朋友的父母如何看待她。「在那時候，我已經在當地醫院當上放射科主任了，」她說。「所以他們對我畢恭畢敬。」她說這話時，眼神不帶溫情，只見冰霜，彷彿在解釋數學函數。

有其母必有其子，普林斯也很聰明。升高中時，他申請進入專收數理化資優生的德州磁吸學校，在校期間可以修大學學分。德州人口相當於安哥拉、澳洲、阿富汗等國，但有幸進入該校的學生只有普林斯是黑人。我問瓊斯醫師，她是否希望他上霍華德大學。她微笑說，「才不。」接著她說，「能談這個真好。」我聽了稍微鬆懈下來，因為我自認比不速之客更煩人。我問她希望兒子讀哪一所大學，她說，「哈佛。如果進不去哈佛，普林斯頓也好。如果不是普林斯頓，那就耶魯。如果不是耶魯，那就哥倫比亞。如果不是哥倫比亞，那就史丹福也好。他就屬於這種資質的學生。」霍大至少有三分之一的學生和普林斯一樣。他厭倦為別人的期望而活。他這一型的霍華德學生不像我。他們是傑基·羅賓森菁英級人士的子女，父母力爭上游，離開黑人區或佃農地，搬去郊區，卻發現身上帶著甩不掉的印記。他們很多人功成名就，即使如此，仍被挑出來當模範，仍被塑造成多元化的寓言。他們是象徵，是指標，絕不會被視為兒童或青年。因此，他們才進霍華德想當正常人——更想看看正常黑人的定義其實有多廣。

普林斯沒有申請哈佛、普林斯頓、耶魯、哥大、史丹福，他的唯一志願是聖地。我問瓊斯醫師是否曾遺憾兒子選擇霍大。她倒抽一口氣，彷彿被我按到瘀青，按得太重了。「不遺憾，」她說。「我遺憾的是他死了。」

此言帶有莫大的克制力，隱含更大的傷慟。此言說得異常鎮定而直率，這是被美國重創的人必須表現的態度。你仔細看過一九六〇年代靜坐抗議的相片嗎？有沒有仔細、認真看過？你看過相片裡的臉孔嗎？靜坐者的表情既不憤怒，也不悲傷或歡樂，完全不露一絲情緒。他們望穿惡警，視線穿透我們，聚焦在比我所知事物更遠的東西。我知道他們心繫自己的神，我無從領會的神，我不信奉的神。但無論他們心中是否有神，他們從頭到尾罩著盔甲，如假包換的盔甲。或者說，罩住他們的根本不是盔甲。也許是生命的延伸，是一種貸款，能讓人承受當前的拳打腳踢，以後慢慢償還。無論相片裡的那種表情代表什麼，我在瓊斯醫師的眼神裡也看到相同的東西，高尚而空泛，在她鋒利的褐眼裡。淚在她的眼眶盈聚但不潰堤。憑自制力，她對太多事情逆來順受。而我相信，自從她的兒子被掠奪後，自從家族血脈被斬斷後，她過的每一天都要求她逆來順受。

她無法向國家求援。在兒子命案一事上，瓊斯醫師的國家秀出絕活——遺忘他。這種遺忘是習慣，又是大夢的另一個必備元素。大夢族忘了以奴役致富的竊行多麼普遍，忘了放任他們扒竊選票長達一世紀的那股恐懼感，忘了賦予他們郊區生活環境的種族隔離政策。他們全忘光了，因為假如他們記住這些事，一定會受不了美麗的大夢而滾落出大夢外，被迫下凡來，和我們同住在人間。我深信，大夢族——最起碼當前的大夢族——寧可活得白白的，不願活得自由。在大夢裡，他們是科幻角色巴克・羅傑斯（Buck Rogers）、是亞拉岡王子（Prince Aragorn），是一整個種族的天行者。如果喚醒他們，他們會赫然發現，他們是一個人類組成的帝國，而和所有人類組成的帝國一樣，立國的根基是毀損軀體。他們醒來會發現，高尚的表相被玷汙了，成了不堪一擊、易犯錯、不耐摔的人類。

出事當天電話鈴響時，瓊斯醫師正在睡覺，清晨五點。來電者是警探，請她儘快前來華盛頓。她兒子住院了。兒子中彈了。她和女兒一起開車趕去。她確信兒子還活著。敍述過程，她幾度停頓。她直接衝進加護病房區。兒子不在裡面。一群權威人士，可能是醫生、律師、警探，帶她進一個房間，告知噩耗。她再次停頓。她不哭。這時候，鎮定太重要了。

「我從來沒有體會過那樣的感覺，」她告訴我。「皮肉痛到極點。痛到每當我一想到他，我只能禱告，祈求上帝憐憫。我以為我腦筋快錯亂了，快發瘋了。我想吐。我覺得我快死了。」

我問她，她是否預料涉案警官會被起訴。她說，「是的。」她的語調是五味雜陳。她的口氣像是期望獲得公平待遇的美國人，即使公平來得晚了一步，來得心不甘情不願，像她多年前就讀醫學院時那樣也行。她的口氣像女黑人，上述情緒底下是心酸苦痛的暗流。

我接著對她女兒感到好奇。她女兒最近剛結婚，家中展示著小倆口的相片。瓊斯醫師對女兒的未來不樂觀。她急切擔憂女兒在美國生兒子，因為她救不了他，無法保障他的軀體不受奪走普林斯的那種暴力的洗禮。她以羅馬和美國相提並論。她說，她認為美國的盛世老早就過了，即使在光榮盛世期間，美國的招牌上也有汙點：盛世建築在其他人的軀體之上。「我們不懂，」她說。「我們不瞭解我們正在擁抱自己的死期。」

我問瓊斯醫師，她母親是否仍健在。她告訴我，母親在二〇〇二年過世了，享年八十九。（普林斯在二〇〇〇年遇害。）我問瓊斯醫師，母親聽見普林斯的死訊時反應如何。瓊斯醫師的嗓音縮小到近乎低語：「她好像不知道。」

瓊斯醫師提起電影《自由之心》（*12 Years a Slave*），以主角所羅門．諾薩普（Solomon Northup）為例說，「他有點錢，也有妻小，過著一般人的生活，結果被單單一個種族歧視的動作逼退回原點。我也碰到同樣的狀況。我努力了好幾年，打拚出一番事業，置產，承擔各種責任。結果，單單一個種族歧視的動作……就這麼簡單。」隨後，她再提她憑著孜孜不倦的態度，永遠不辭勞苦，踏上漫長的旅程，走出赤貧，掙得今日的一切。她說子女生長在奢華的家境裡，每年去滑雪渡假，遠赴歐洲旅遊。她說，女兒高中研習莎士比亞時，她帶女兒去英國玩。女兒十六歲考到駕照後，一輛馬自達六二六在家門前等她開。我意識到，這股贈與慾和赤貧的童年不無關聯。我意識到，表面上受贈者是子女，其實她內心也獲得厚禮。她說，普林斯從來不受身外之物吸引。他熱愛閱讀。他熱愛旅遊。但在他二十三歲那年，她送他一輛吉普車，在車上綁著一個特大號紫色蝴蝶結。她告訴我，兒子看著禮物，只簡單說，「**媽，謝謝妳。**」她仍記得當時情景。她不等我插嘴，接著說，「他遇害時開的吉普車就是那輛。」

我告別後，坐上租車，發動，讓引擎空轉幾分鐘。我思索著普林斯母親在他身上的所有投資，所有損失。我思索著難耐寂寞的他奔向聖地，而聖地和我們卻無法拯救他，最後連我們也無法自救。我回想六〇年代靜坐抗爭的相片，一張張剛毅木然的臉，我曾藐視他們撲向人生中最慘痛的事物。也許他們想通了世上有醜惡。也許他們如此情願放棄黑軀體的安全和聖潔，是因為世上根本沒有安全和聖潔。無論是靜坐照，無論是我看過的所有抗議影片，再多黑人臣服於警棍警犬前的畫面，全部都不可恥，一點也不可恥——它們只真實。兄弟，我們被美國霸道多數的盜匪圍捕了。而這種事發生在這裡，在我們唯一的家園中。而恐怖的事實是，我們無法靠自己的意志力找到逃生口。或許，過去和現在民運的希望是：喚醒大夢族，督促他們認清一件事，他們向白人看齊，模仿白人口氣，從白人的角度去思考，換言之自以為缺乏凡人必有的缺點，懷抱這種心，對這世界造成多嚴重的殘害。

然而，你不能事事迴避他們。大夢族覺悟的契機再渺茫，你也不能放棄。人生太短暫了。我們的軀體太寶貴了。目前你在這裡，必須生活——而遠方值得你追求的事物太多了，不只在別人的國家裡有，在你自己的家園裡也有。黑能量的暖意吸引我奔向聖地，吸引普林斯·瓊斯奔向聖地，而我們這世界的暖意再短暫再弱不禁風，也是美麗的。

我回想一家三口參加校友歸巢日的情景。我回想一波波暖意直撲而來的感覺。

我們正在看美式足球賽。我們坐在看臺上，身邊是老友和他們的兒女，既不在乎漏接，也不關心第一波攻勢。記得我望向球門，看著一群校友啦啦隊，愛校心切的他們穿上舊制服，稍微修改過，不然擠不進去。記得他們跳著舞。他們搖頭擺尾，變木頭人，接著再搖頭擺尾。觀眾高喊「動作！動作！動作！動—作！」時，坐在我前兩排的一位黑女人起立。她穿著緊得不能再緊的牛仔褲，也搖頭擺尾起來，不管自己是不是媽媽級，不管二十年的光陰恍若不到一星期。記得我走去參加球賽停車場野餐，不能帶你去，但把我所見的場面告訴你也無妨。我見到的黑僑無所不包，有小販、律師、優等生、壯漢、醫生、理髮師、姐妹會的會員、醉鬼、技客、書呆子。DJ對著麥克風呼喊，年輕人朝向他簇擁。一個年輕男子取出一瓶干邑，扭開瓶蓋，身旁女孩微笑著，仰頭暢飲，歡笑。我覺得自己遁入所有人的軀體裡。天譴的胎記淡去，我能感到手臂的沉重，聽得見呼吸中的哽咽。我那時候不講話，因為沒必要。

那一刻，歡樂的一刻，大夢無法觸及的一刻，盈灌著一股比任何投票權法案更宏偉的力量。這股力量，這股黑力，源自於一顆深幽而重要的行星所見的美國銀河。黑力是從地牢見到的蒙提且洛（Monticello，第三任總統傑佛遜的大農場，黑奴眾多），亦即奮鬥期間的所見。黑力誕生出一種理解，能顯示所有銀河系最真切的本色。即使是迷失在最深沉妄想裡的大夢族也感受得到，因為他們哀傷時聽比莉．哈樂黛（Billie），想壯膽時呼喊群眾暴動二人組（Mobb Deep）歌詞，戀愛時哼艾斯禮兄弟（Isley），遐想時叫嚷德瑞博士（Dre）的歌，死前想聽艾瑞莎．弗蘭克林（Aretha）。我們在人間有所成就。大夢族制訂「一滴血」規則，被我們用來反制他們。他們把我們局限成一個種族。我們把自己改造成一個民族。在聖地，在抉擇的痛苦下，我們打造出一座家園。如同夏天黑人街區散見針筒、針劑瓶、跳房子的圖案。如同黑人租房間轟趴熱舞。如同我們被視為浩劫餘生者的黑人闔家團聚。如同黑人對飲干邑和德國啤酒，傳著大麻雪茄抽，辯論著嘻哈歌手。

如同出生入死航至彼岸的我們所有人。

吸引普林斯．瓊斯至聖地的，正是這股愛的力量。這力量不神不聖，卻教人由衷明瞭萬物其實多麼脆弱——即使是大夢，特別是大夢，也同等脆弱。告別瓊斯醫師後，我坐在租車上，想起她對國家敗亡的預言。這類預言，我聽了一輩子，從麥爾坎到他死後的所有追隨者，全都高聲疾呼說，大夢族終將自食惡果。馬庫斯．賈維曾承諾，將帶著復仇心重的祖先呼嘯回來，帶著大西洋盆地奴隸殭屍大軍回來。我不接受。我離開聖地時心知，這種預言全講得太便宜他們了。我知道，假如大夢族自食惡果，我們也免不了跟著他們一起嘗。掠奪已進展成癮頭、積習；能為黑人區謀劃奪命機制的那群人，能發明私家監牢集體強暴並進而主導集體自我失憶症的那群人，絕對按捺不住，會再掠奪更多更多。這理論信的不是預言，而是信奉廉價汽油的誘惑力。

曾經，大夢的參數被科技局限，被馬力和風力局限。如今，大夢族進步了，建海壩發電，開採煤礦，化石油為食品，將掠奪的範圍擴展到前所未聞的程度。這項革命讓大夢族為所欲為去掠奪，不僅掠奪人類軀體，更掠奪地球的軀體。地球不是人類生的。地球不必尊敬我們。地球沒我們也活得下去。地球的復仇不是城市大火，而是從天而降的大火。比馬庫斯．賈維更凶猛的煞星正乘風呼嘯而來。比所有非洲祖先更嚇人的惡霸正在五大洋興風作浪。這兩大鬼神彼此認識。開創這時代的是經奴手摘採的棉花。我們逃出黑人區，他們才進入新社區的樹林裡擴散。而輸送他們進入新社區和新新社區的交通工具是汽車，是勒在地球脖子上的吊死環，最後會勒死大夢族。

驅車離開瓊斯醫師家之際，以上的想法縈繞我腦海。我一面開車，一面照常想著你。薩莫里，我不相信我們能阻止大夢族。到頭來，唯有他們自己能喊停。儘管如此，我勸你繼續奮鬥。念在祖先份上，為祖先奮鬥。為智慧奮鬥。為聖地的暖意奮鬥。為你祖父母、為你的名字奮鬥。但是，不要為大夢族奮鬥。為他們抱持希望。如果有心的話，你可以為他們祈禱。但是，不要為了改造他們而奮鬥。大夢族遲早要學習為自己打拚，學著去瞭解他們的夢田、他們把自己塗得一身白的舞臺是全人類的葬身之地。大夢和危害地球的積習是同一回事，同一份積習導致黑軀體被關進監獄和黑人區。結束瓊斯醫師的訪問後，我回程見到黑人區，一如我多年前在芝加哥路過的黑人區，一如我母親、父親成長的黑人區。在擋風玻璃前方，我看見這種黑人區的特徵——美容院、教堂、酒品商行、傾頹房舍，密密麻麻——從前那股恐懼感油然而生。在擋風玻璃前方，我看見一陣陣滂沱大雨直直落。

注釋

1 自由乘客（Freedom Riders），發生於一九六一年五月四日，由種族平等議會（Congress of Racial Equality）主要成員發起平權運動，共有七名黑人、六名白人從華盛頓特區搭乘兩臺巴士，要到不顧最高法院的違憲解釋仍執行乘車隔離的南方各州，預計終點是到奧爾良進行集會。過程中，不僅發生巴士遭攻擊起火，乘客也遭黑道與警察、民眾毆打，也使這趟旅途被迫提早結束。

2 自由之夏（Freedom Summers），又稱密西西比夏日計畫，發生於一九六四年六月，當時針對密西西比僅有六．七％的黑人選民登記，開始有一群志工號召到密西西比幫黑人進行選民登記，並成立諸多自由學校以增加黑人的人數。這個計畫引發當地白人的憤怒與攻擊，造成了超過一千名志工與在地居民遭逮捕，另有多人受傷甚至死亡。這個計畫對年輕世代造成重大影響，進一步影響到美國社會運動的發展。

3 奈特．杜納（Nat Turner，一八〇〇—一八三一），生於維吉尼亞州南安普敦郡的奴隸家庭。一八三一年八月，在經歷兩次杜納認為是異象的日蝕後，杜納率領奴隸與自由黑人起義，兩天內被壓制，逃亡的杜納於十月底被捕，十一月十一日處以絞刑。

4 海莉・塔布曼（Harriet Tubman，約一八二二－一九一三），本身是逃亡奴隸，後來成為活躍的運動者，多次潛入南方救出三百多名奴隸。

5 卡鳩（Cudjoe，約一六八〇－一七四四）與女王奶奶（Nanny，約一六八六－一七五五），是牙買加馬龍人的重要領袖，馬龍人就是逃亡奴隸之意。在西班牙殖民統治時期，許多來自西非的黑奴逃入山中並自組城鎮，後來這些勢力開始與接手殖民的英國政府進行兩次戰爭。

6 百萬人大遊行（Million Man March）發生於一九九五年十月十六日，由黑人伊斯蘭教領袖法拉罕（Louis Farrakhan）召集，主要目的是為當時黑人的失業率是白人的兩倍，且有多達十一％的黑人男性是失業狀態，以及眾議院當時刪除對貧窮學校的補貼，都引起黑人社群的不滿。環境的風險也是因素之一，當時每十萬名黑人男性就有七十二人被殺，對比於白人男性的九點三人，比例過高。

7 富列德・漢普頓（Fred Hampton，一九四八－一九六九），馬克・克拉克（Mark Clark，一九四七－一九六九），兩人皆為黑豹黨地方幹部，遭警方夜襲喪生。

8 亞提卡監獄暴動事件發生於一九七一年九月九日，為反抗長期的不人道管理，兩千多名囚犯當中的一千多人集體暴動，夾持了四十八名人質，暴動於四天後落幕，至少造成四十三人死亡。監獄暴動事件涉及種族問題，亞提卡的囚犯有超過五成是黑人，獄方人員幾乎為白人，經常有種族歧視的行為出現，此外，暴動事件兩週前，黑豹黨成員喬治・傑克森（George Jackson）才在另一個監獄中被獄警槍殺，也被認為與此事有關。

9 史托克利全名為Stokely Carmichael（一九四一—一九九八），是千里達裔，活躍於多個黑人運動組織，如學生非暴力組織協調委員會（SNCC）、黑豹黨、全非洲人民革命黨（All-African People's Revolutionary Party）等。

10 FBI反情報計畫（COINTELPRO，Counter Intelligence Project）開始於一九五六年一直延伸到七〇年代初期，是聯邦調查局針對反越戰、黑人民權運動、性別運動等反抗者與組織進行調查與滲透。黑人集體遷居郊區（black flight）已是一種專有名詞，與white flight成對照，指的是六〇年代開始一些黑人中產階級也開始像白人中產階級一樣，逐步往郊區遷移。

11 各領域傑出的非裔美國人。查爾斯・德魯（Charles Drew，一九〇四—一九五〇）是醫生與醫學研究者，致力於血液保存，對二戰初期創建血液銀行功勞甚鉅。阿米里・巴拉卡（Amiri Baraka，一九三四—二〇一四）是作家與詩人。瑟古德・馬歇爾（Thurgood Marshall，一九〇八—一九九三）為法學者，第一位擔任最高法院大法官的非裔美國人。奧西・戴維斯（Ossie Davis，一九一七—二〇〇五）是導演與劇作家。道格・瓦爾德（Doug Wilder，一九三一—）在一九九〇年是第一位當選維吉尼亞州長的非裔美國人，民主黨籍。大衛・丁肯斯（David Dinkins，一九二七—）在一九九〇年成為第一位當選紐約市長的非裔美國人，民主黨籍。露西兒・科里夫頓（Lucille Clifton，一九三六—二〇一〇）為詩人。童妮・摩里森（Toni Morrison，一九三一—）為一九九三年諾貝爾文學獎得主。匡米・圖瑞（Kwame Ture，一九四一—一九九八）又名史托克利，詳見注9。

12 〈救贖頌〉（Redemption Song）是牙買加雷鬼音樂家巴布．馬利（Bob Marley）與哭泣者樂隊一九八〇年的專輯《起義》（*Uprising*）當中的最後一首曲子，被認為是馬利最偉大的作品之一。

13 左拉．尼爾．何斯頓（Zora Neale Hurston，一八九一—一九六〇）是小說家也是民俗學者，是霍華德校友。斯德林．布朗（Sterling Brown，一九〇一—一九八九）是詩人與民俗學者，在霍華德大學任教四十年。肯尼斯．克拉克（Kenneth Clark，一九一四—二〇〇五）是心理學家，霍華德校友。

14 道格拉斯（Frederick Douglass，一八一八—一八九五），廢奴派政治人物。奧德李吉（Ira Aldridge，一八〇七—一八六七），英美舞臺劇黑人演員、劇作家。唐尼．海瑟威（Donny Hathaway，一九四五—一九七九），黑人靈魂爵士樂手。唐諾．拜爾德（Donald Byrd，一九三二—二〇一三），黑人小號手。

15 貝兒．胡克斯（bell hooks，一九五二—）為Gloria Jean Watkins筆名，女性主義者，關注種族、性別與階級等議題。索妮亞．桑且斯（Sonia Sanchez，一九三四—）是詩人。兩人都是非裔美國人。

16 錢斯勒．威廉斯（Chancellor Williams，一八九三—一九九二）、J．A．羅傑斯（J.A. Rogers，一八八三—一九六六）、約翰．賈克森（John Jackson，一九〇七—一九九三），三位都是試圖破除歐洲中心主義解釋歷史的歷史學者與作家，也被稱為非洲中心主義者。威廉斯就主張古埃及是黑人文明。

17 賴瑞・尼爾（Larry Neal，一九三七—一九八一）非裔美國人劇場學者，也是黑人藝術運動的重要貢獻者。艾瑞克・威廉斯（Eric Williams，一九一一—一九八一）千里達及托巴哥首任總理，同時也是研究加勒比海的歷史學家。喬治・帕德摩（George Padmore，一九〇三—一九五九）千里達人，新聞記者與泛非主義者。史丹利・科羅奇（Stanley Crouch，一九四五—）為美國詩人與小說家，也是音樂與文化評論者。哈洛德・克魯斯（Harold Cruse，一九一六—二〇〇五）非裔美國人研究的學者，也是敢言的社會評論者。曼寧・瑪勒波（Manning Marable，一九五〇—二〇一一）是公共事務、歷史與非裔美國人研究的學者，二〇一二年他因撰寫麥爾坎傳記而得普立茲獎。艾德森・蓋爾（Addison Gayle，一九三二—一九九一）是美國黑人文學的重要評論者。卡洛琳・羅傑斯（Carolyn Rodgers，一九四〇—二〇一〇）為美國詩人，同時也是美國最老也最大的黑人媒體Third World Presses的創辦人之一。艾瑟里吉・奈特（Etheridge Knight，一九三一—一九九一）為詩人，非裔美國人，一九六八年第一本詩集《獄中詩》（*Poems from Prison*）取材自八年因搶劫入獄的歲月，出版後聲名大噪，成為黑人藝術運動的要角。

18 杜波伊斯（W.E.B. Du Bois，一八六八—一九六三），二十世紀前半葉重要的黑人民權運動者，是全國有色人種促進協會（NAACP）的創立者之一。馬庫斯・賈維（Marcus Garvey，一八八七—一九四〇）出身牙買加的政治人物，他還創辦黑星船運公司，專門把黑人送回非洲老家。杜波伊斯與賈維的爭論在於，杜波伊斯認為賈維的種族徹底分離，是對白人至上主義的投降。

19 佛雷澤（E. Franklin Frazier，一八九四—一九六二）為美國社會學家，是美國社會學學會第一位非裔美國人會長，同時一九五〇年他也負責起草聯合國教科文組織的報告「種族問題」（The Racial Question）。赫斯戈維茲（Melville J. Herskovitz，一八九五—一九六三）是美國人類學家，研究非洲文化在非裔美國人社群的延續。兩人的辯論已成為黑人文化問題的重要對反立場。

20 馬丁・迪雷尼（Martin Delany，一八一二—一八八五）為非裔美國人，醫生也是廢奴主義者，被認為是第一個倡議黑人民族主義的人，他也是哈佛醫學院第一批接受的三名黑人學生當中的一個。

21 巴伯・麥立（Bubber Miley，一九〇三—一九三二）美國早期爵士樂小號與短號樂手。奧提斯・雷丁（Otis Redding，一九四一—一九六七）美國歌手、詞曲創作者，是靈魂樂、節奏藍調的開創者。山姆與大衛雙重唱（Sam and Dave）是一九六一至一九八一年間活躍的R&B與靈魂樂重唱組合。C・K・威廉斯（C.K. Williams，一九三六—二〇一五）美國國家圖書獎與普立茲獎得獎詩人。卡洛琳・佛歇（Carolyn Forché，一九五〇—）為美國詩人。

22 薩莫里・圖瑞（Samori Touré，約一八三〇—一九〇〇）曾在今天幾內亞、獅子山、馬利與象牙海岸交界處建立瓦蘇祿帝國（Wassoulou Empire），一八八二年開始進行反法抗爭，一八九八年遭捕。

23 二〇〇二年有黑奴後代具狀控告安泰、CSX鐵路運輸公司及金融機構 FleetBoston三家保險公司利用黑奴制度獲利，在一百五十年前，會有保險公司向奴隸主兜售保單，比如十歲的黑奴一年的保險費才兩元，一旦黑奴死亡，雇主可得到一百元的賠償，如果是四十五歲以上的黑奴就比較貴，一年要五塊五美金保費。至於按照獸欄劃分，是因為當時有女黑奴被當成生孩子工具，彷彿繁殖育種的動物一般，要生完十五個小孩才能得到自由。

24 喬瑟夫・勞瑞（Joseph Lowery，一九二一—）是衛理公會牧師，黑人民權運動要角。康內爾・威斯特（Cornel West，一九五三—）美國哲學學者，是第一位取得普林斯頓大學哲學博士的非裔美國人。卡爾文・巴茨（Calvin Butts，一九四九—）是紐約州立大學老韋斯伯里分校校長，也是紐約阿比西尼亞浸信會教堂牧師，這是哈林區最古老的教會。

25 納斯（Nas，一九七三—）是美國東岸嘻哈代表歌手，又名Nasty Nas。

26 亞布納・路易瑪（Abner Louima，一九六六—）是海地人，在水公司擔任保全，一九九七年八月九日晚上路易瑪到弗萊布許的夜店，因打架被警方逮捕，其中一名警察Justin Volpe誤以為路易瑪是攻擊他的人，在警局內對路易瑪虐打，甚至用壞掉的掃把柄性侵路易瑪，造成重傷。此事引發民眾不滿上街遊行也成為國際特赦組織關注案子，Vople後來被判三十年徒刑。安東尼・拜耶茲（Anthony Baez，一九六五—一九九四）在一九九四年十二月二十二日凌晨，與兄弟大衛在紐約布朗克斯區的街上玩足球，足球砸到警車而與警察Francis Livoti衝突，導致其他警力前來支援。衝突過後安東尼窒息而死，因安東尼本身有氣喘病，因此警方有無鎖喉引發爭議。Livoti後來被判刑七年半。

27 史恩．貝爾（Sean Bell，一九八三—二〇〇六）二十三歲即將舉行婚禮當天遭警方開五十槍擊斃。二〇〇六年十一月二十五日當天凌晨，貝爾與友人到一家脱衣舞孃夜店慶祝告別單身派對，遇到便衣警察前來店家調查是否有賣淫行為，在口角衝突中警方聽到貝爾友人說要去拿槍於是尾隨三人車輛，警方上前調查時，貝爾沒有停車，五名警察對車子開了五十槍導致貝爾死亡，另外兩名友人重傷。

28 彼得斯堡（Petersburg）、雪利莊園（Shirley Planation）、荒野戰役（the Wilderness）都是在維吉尼亞州。彼得斯堡於一八六四年六月，因北方葛蘭特將軍要截斷經過彼得斯堡的鐵路線中斷南軍首都里奇蒙的補給，因此展開二百九十二天的圍城，最後彼得斯堡陷落，南軍撤退，也是南方敗退的開始。雪利莊園建立於一六一三年，是維吉尼亞州最老的農園，南北戰爭時變成北軍的戰地醫院。荒野戰役發生於一八六四年五月五日至七日，兩軍皆死傷慘重，但被認為是無法分出勝負。

29 此話出自福克納一九四八年的小說《墳墓的闖入者》（*Intruder in the Dust*）。故事描述黑人老農夫柏香（Lucas Beauchamp）遭指控謀殺一位白人，在白人小孩馬里森（Chick Mallison）與律師史蒂文斯（John Gavin Stevens）的努力調查下，甚至挖開死者墳墓，才得以證明柏香的清白。出身美國南方的福克納有多部小說在反省種族問題。這裡引用的句子是出自馬里森。

30 約翰．卡特（John Carter）是一九一二年科幻小說《火星公主》（*A Princess of Mars*）的主角，作者為布洛斯（Edgar Rice Burroughs，一八七五—一九五〇）。故事描述參戰過南北戰爭的卡特在戰後到亞利桑那挖金礦，與阿帕契人發生衝突，在一個山洞中，卡特被神祕的力量送到了火星，捲進火星上的紅綠種族衝突，因火星引力較小，卡特發現自己在那裡變成了孔武有力的超人。

31 《飆風天王》（*The Dukes of Hazzard*）是美國CBS公司一九七九至一九八五年推出的喜劇影集，描述喬治亞州的農場兄弟Bo Duke和Luke Duke兩人與當地腐敗的警長對抗的故事，兩人開的車就叫李將軍（General Lee）。

32 出自塔沃莉亞．葛林芙（Thavolia Glymph）的《掙脫束縛之家》（*Out of the House of Bondage*）。

33 二〇一三年十二月美軍在葉門的無人飛機，誤以為一支參加婚禮的車隊是蓋達組織，發射導彈造成十五人死亡，五人受傷。

我的老鄰居們——讀《在世界與我之間》

劉曉鵬／芝加哥大學歷史學博士，政治大學國家發展研究所副教授

塔納哈希．科茨（Ta-Nehisi Coates）撰寫的這本書，以在巴爾的摩貧困西區的成長經驗為基礎，用與兒子談話的方式，訴說在美國的體制性歧視與身為非裔的悲哀。穿插友人遭警射殺的故事與實際採訪經驗，在美國近年來屢次出現警察槍殺黑人的新聞背景下，他的作品適時出現，立即受到普遍的重視。

讀完全書雖然感嘆黑人處境，但印象最深刻的是作者形容開在芝加哥的高速公路上，一旁的芝加哥市的州街（State Street）全是破敗的國宅，比他的家鄉巴爾的摩還差。他將這個地區形容為「道德災難」，批評人們漠視這個慘劇，而這個地

區的情況糟到他不想去一探究竟。我對這本書的視角，就從這個「災區」開始。

從作者前後文的時間來看，應該是一九九九年前後看到這個景象，而我是二〇〇一年搬進這個區域，因此，看到的景象應該差不多。嚴格來說，作者指的是州街的南區，這條路很長，但在高速公路上看得到的州街不至於太差，因為包括不少草皮修剪整齊的獨棟住宅。破敗國宅應是存在於高速公路上作者看不到的州街內側，更有可能是其他街道。在我五年的生活記憶中，整個南芝加哥和富裕的北方相較的確較為破敗，但州街不算嚴重，至少離「災難」還有很大的差距。

我會去住窮困的芝加哥南區原因很簡單：求學時財務捉襟見肘。如果住到雅致的地區（或稱白人區），高昂的房價對我的家庭才是道德災難。住在這個黑人區，往負面想，無論加油或買個炸雞，都要面對防彈玻璃後的店員，可見得有不少對犯罪行為的恐懼。偶見街頭暴力事件，更常發生的是青年晚間聚眾滋事。但往好處想，多數居民習於趨吉避凶，很少實際遇到搶刼或傷害，街頭衝突來得快去得也快，因為警車很快就到，且來處理問題的警察很少是白人。那個地區租金便宜，但公車或地鐵班次都算密集。採購的超市雖然沒有白人區亮麗，但也衣食無缺。整體而言，很適合無產階級安身立命。

貧窮是黑人聚居該處的主因，書中以阿拉巴馬州遷來的黑人等例子，強調他們在城市受白人與國家機器欺凌。美國黑人，特別是南方的黑人，當了近三百年的奴隸，幾乎都是文盲，因此林肯解放他們時等於是將其身分從奴隸轉為廉價勞工，繼續在充滿歧視的南方掙扎求生。第一次世界大戰起，北方都會區與工業城就業機會大增，大批黑人得以脫離阿拉巴馬等南方州，到較自由的北方謀生，芝加哥與巴爾的摩的黑人區就這麼發展起來。黑人原本就是城市廉價勞工的來源，加上數代以來缺乏知識與資本的缺陷難以一夕改變，因此即使過了一百年，他們聚居地區的生活品質仍和白人區有明顯的差距。

黑人區由於多數收入有限，貧窮製造出不少犯罪是事實，但不表示貧窮的人就是罪犯。路上雖有醉鬼與乞丐，但鄰居們絕大多數溫和有禮、互相幫助、有堅實的宗教信仰、厭惡犯罪。他們知道歧視存在，也知道周圍存在社會問題，但這反而讓他們更注意對孩子的教養，遠離犯罪誘因，以免下一代繼續在社會上處於弱勢。我曾在該區的大學教過書，學生在工作之外還努力求學的精神，讓我動容。

許多黑人出身微寒，但試圖在社會體制下爭取自己與下一代在美國的財富與平等，這樣的態度代表人物即為著名的馬丁・路德・金恩（Martin Luther King JR，一九二九－一九六八）。在半世紀前民權運動高峰期，這種順從白人的社會思維被激進派諷為聽話的「湯姆叔叔」(Uncle Tom)，不敢反抗，只會順從白人意志。激進派為了反抗白人體制，主張以暴易暴、黑人民族意識、甚至建立南方獨立的黑色美國。著名的代表激進派人物為麥爾坎・X（Malcolm X，一九二五－一九六五）與黑豹黨（Black Panther Party）。

作者的父親是黑豹黨，也對麥爾坎・X等人有不少讚頌，他的名字 Ta-Nehisi 是埃及名，其子的名字則源於幾內亞抗法英雄Samori。拒絕一般美國命名方式與麥爾坎．X類似，更顯示其意識形態繼承早期以非洲為中心的黑人民族意識。今天的美國黑人革命情結已不復見，但用非洲立場觀察美國社會，自然會認為黑人仍廣受壓迫，無視當今美國總統是非裔，而且在白人選民的支持下已任滿八年的事實，更忽略被控殺黑人的警察中，不少也是非裔，也沒有提到被警察槍殺的十二歲黑人，手上拿的假槍在外觀上與真槍無異。

種族差異是客觀事實，但在社會行為中，種族並非惟一考量，白人選民投票和警察對黑人動武，考慮的都不一定是膚色。種族歧視普遍存在於許多國家，自然包括有蓄奴紀錄的美國。但和他國不同的是，美國雖然有過惡劣的奴隸制，但也為了膚色問題，付出包括內戰在內的巨大代價，因此忽略美國民權的進步，或把歧視的存在等同於黑人在美國全然無望，都偏離事實。

無論在學術研究、教育機會、社會福利、工作保障等方面，美國黑人的權益已普遍受到重視也是不爭的事實，甚至有論述認為這種保護讓其他族群感覺受到歧視。林書豪就曾在美國媒體上指出，他雖然在加州的中學籃球比賽是頂尖人物，但他的亞裔背景讓他無法拿到該州著名籃球大學的獎學金。他沒有更明白指出的是，相關獎學金的機會多為非裔所取得。若將排華法案以降所遭受的法律性歧視開始談起，林書豪或可表達出族群上更深刻的怨懟。但和大多數成功者相同，他無畏環境的阻礙，在美國職業籃壇打出一片天下。

種族觀並非一成不變，而是個人經濟與政治情況的反映。如此的組合既然人人不同，視角也各異，使種族爭議永遠不缺柴火。美國共和黨二〇一六年的總統候選人川普在種族問題上大膽觸碰各種禁忌，在多種族的美國雖然造成對立，卻成功吸引了國內外目光。相同的道理可以用來觀察作者為何引起矚目：除了激起黑白的對立衝突之外，本書等於重現四十年前消失的激進主義，對讀者而言必然是新穎論點。

解放黑奴後的新生代，不滿仍生活在膚色的歧視環境中，因而蘊育出反抗思維，使激進主義在十九世紀末逐漸興起，而四十年前逐漸消失的理由就在於人權提升，使歧視環境明顯改善。今日強調白人壓迫黑人的歷史與衝突即使會有認同者，由於人權條件遠勝早年，恐難生產出積極改變黑白關係的行為者。

用種族來解釋問題雖然淺顯易懂，但容易忽略其他因素。當今在美國談種族時很難不討論歐巴馬，其中一個議題就是他很少在族群事務上著墨，因此引來不少黑人菁英的批評。黑人選民中九〇%投票給他，期待「黑人幫黑人」看似合理。然而，歐巴馬不僅是黑人總統，更是美國全民的總統，此外，就算柯林頓是南方的白人，也能拿八五%的黑人選票，可見黑人選民投票給歐巴馬的關鍵在於其民主黨的身分，不見得因為他也是黑人。

科茨書中稱讚的法國，在另一黑人名家法農（Franz Fanon，一九二五—一九六一）眼中一樣充滿對黑人的歧視，進一步凸顯種族問題解讀的歧異性。故這本書可以視為觀察美國黑人生活的視角之一，卻不必因此認為美國黑人的狀況和過去一樣晦暗。美國有族群問題，但在社會與法律上開放討論此議題的胸襟，也是一般國家所無。這一點不能確保種族歧視消失，卻能確保黑人的一生不會受白人宰制，或像作者所謂，永遠是社會底層的命運。

從歷史來看，都市黑人區的形成並非由於白人歧視，反而是由於黑人掙脫白人歧視而形成，這個過程仍在持續，因此可用掙脫的角度來看他們的生活。同為非洲裔，在作者形容為道德災難的地區，我的鄰居們雖不少人有道德瑕疵，但更多人拒絕接受被冠上的刻板形象，在他們身上我看不到本書給我的悲觀，更多的是努力工作與生活，為自己與下一代追求夢想。黑人區的貧困是客觀事實，為了改變這個環境，需要有科茨與其他民權領袖對歷史與政策進行批判，因為有助掙脫的過程，但不必因為環境的貧困而認定黑人的未來悲觀無望。

我的女兒在這個地區出生，當時我常揹著她在附近散步，大人小孩都來親切地和她打招呼。若短暫留她一人在家，習於守望相助的鄰居會責備我，並主動提供免費托嬰服務。有很長一段時間，每次到白人或黃種人的場合，她就出現焦躁與哭鬧，很明顯的是，當時她眼中的好人，除了父母只有黑人了。科茨給他兒子的信中凸顯黑人如何受盡白人壓迫，但我和女兒談到老鄰居時，是黑人如何從白人壓迫中走出來。僅此以完全不一樣的風景，補充科茨的觀點。

當佛格森在燃燒——在深切絕望中不放棄的理性批判

胡培菱／美國Rutgers大學英美文學博士，專業書評家

二〇一四年八月密蘇里州的佛格森市（Ferguson），因為一位黑人青少年麥可．布朗（Michael Brown）被無故槍殺引發黑人抗爭，警方入駐制暴，坦克車開上佛市街頭。當時我住在距離佛格森只有十六公里遠的白人區拉杜（Ladue）。佛格森有六七%的黑人，拉杜有九六%的白人。當佛格森正在燃燒，拉杜富裕的中產階級正在把酒言歡。佛格森與拉杜的距離，遠遠超過那區區的十六公里。《在世界與我之間》講的就是這黑與白之間十六公里的實際距離。

二〇〇八年美國總統歐巴馬競選第一任總統的時候，他的口號是「希望」；

二〇一二年競選連任的時候，口號是「前進」；他所寫的兩本著作分別是《歐巴馬的夢想之路》（*Dreams from My Father*）及《歐巴馬勇往直前》（*The Audacity of Hope*）。從這些不難看出，歐巴馬的中心思想及對美國社會的企盼是一種整體懷著希望前進的積極樂觀。他奉為圭臬的一句名言，是馬丁・路德・金恩博士所說的「宇宙中道德的曲線很長，但它終究會趨向正義」，這句話就繡在他在白宮總統辦公室的地毯上。

有著一半黑人血統的歐巴馬能選上美國總統，這將不可能成為可能的故事本身本來就充滿希望、激勵人心，在他二〇〇八年當選之際，很多人更盼望或預言或篤定，美國黑人自一六一九年第一位黑奴抵達美國以來的血淚歷史將會成為過去，歐巴馬必然能將心比心處理美國種族問題，必然能讓美國所有的黑人有與有榮焉的驕傲並改善他們在社會上的次等地位吧？在一個黑人可以當總統的美國，種族歧視及種族論述都應該可以被終結了吧？所以歐巴馬就職後，美國就應該可以進入「後種族」（post-racial）或「後種族歧視」（post-racist）時代了吧？

這些都沒有發生。

*

長達二百五十年的奴役制度與九十年的種族隔離制度（Jim Crow）的影響，在意識層面、社會養成中，實際形塑了美國在財居政警法各種社會架構被默許的種族不正義。

大蕭條時期小羅斯福總統政府為了刺激房事及經濟，一九三四年成立了聯邦住宅管理局（Federal Housing Administration），提供優渥貸款鼓勵白人中產階級買房，同樣的福利卻不適用於黑人公民。這個聯邦政府所主導的不公平的房屋及貸款政策（redlining）至少進行了三十年。三十年足夠讓貧窮的黑人區愈窮途潦倒、學區崩壞，足夠讓白人得以貸款搬集體遷離老舊市區（white flight）前往郊區，也足夠奠下美國許多城市種族隔離居住再難以翻轉的事實。

一八六五年美國內戰過後，政府通過了憲法第十三條修正案，這條修正案明文規定蓄奴非法，然而這個舉世聞名的「正義」憲法法條中卻有個但書，將「罪犯」排除在這條憲法的保護中。也就是說，在美國憲法規定下，罪犯可以合理被奴役，他們的勞力可以合法被繼續剝削。因此廢奴之初，南方各州因小罪而被判刑牢獄的美國黑人比例直線上升，監獄成為變相繼續實施奴隸制度的合法煙霧彈。大量判刑黑人的結果，是汙名化美國黑人，也根深蒂固了黑人的犯罪性，至今仍難以改變。美國的人口僅為世界的五％，它的牢犯比例卻占全世界的二五％，而在這大量的牢犯人口中，美國黑人刑犯與白人刑犯的比例是七比一。事實上當今美國黑人接受刑事監控（例如入獄、保釋或緩刑）的數目，遠比一八五〇年的黑奴數目還多，美國監獄系統儼然成為奴隸制度之後另一套控制貶低美國黑人的手段。* 古柯鹼使用者以白人及西班牙裔為大宗，但因持有古柯鹼被起訴的黑人卻比白人多出了兩倍。黑人僅占美國總人口的十三%，卻占與警方致死衝突中的三分之一。

這些史實與數字透露了太多制度、結構、判決及執法上的根本不公。人心不是一個黑人總統上任八年就能改變的，刻板印象不是，結構也不是，多年來種族與階級的鎖死僵局更不是。

但除了這些根本上的難題之外，歐巴馬對於種族問題的迴避，強調階級重於種族的言論，以及對自身種族身分的認同及操演，都是歐巴馬時代不但似乎沒有脫離種族問題，反而面臨更劇烈的種族分化的重要原因。美國《大西洋月刊》的名評論家塔納哈希·科茨，他成長於黑人貧民區，對於美國黑人難以翻身的處境有

＊ 這個數據引用自美國學者蜜雪兒·亞力山德（Michelle Alexander）在二〇一〇年所出版的《新種族隔離制度》（*The New Jim Crow*），一八〇頁。雖然當今的黑人人口也遠比一八五〇年增加許多，這樣的比較不見得公平，但考量當代美國向來以自由平等自居，這樣的數字人足以令人震驚與深思。

切身之痛，在批判美國社會種族問題毫不留情。他的文字真實、理性、考據精準，卻又不失文學性，讀來剛柔並濟，在歐巴馬上任後很快變成了這個時期最重要的歐巴馬批評家。當歐巴馬政權強調樂觀前進，他的文章總是看到悲觀停滯；當歐巴馬政權強調階級，科茨提醒他們種族。科茨許多文章深入剖析歐巴馬的各種論述及行為表現背後的種族意義，他理性觀察身為第一位在歧視黑人的民主社會中的黑人總統，歐巴馬該如何操演又如何被制約於「總統」這個角色。

二〇一二年歐巴馬成功連任之際，科茨發表了一篇廣受盛讚的論述，名為〈對一位黑人總統的恐懼〉（Fear of a Black President）。他在這篇文章中指出，歐巴馬當選雖然代表了承諾與希望，但這些希望的背後有著不可否認的條件、限度及整體黑人的犧牲與成全。他認為歐巴馬任內的行為操演有兩個邏輯可循：「一半黑，加倍好」（half as black, twice as good）。科茨引用賓州大學政治科學家的數據，指出歐巴馬身為第一位黑人總統，在上任的前兩年期間，政策及演說中提到種族的比例，是一九六一年以來歷屆民主黨總統中最少的。歐巴馬迴避用種族論述回答種族相關的社會議題，不只是因為他個人對於自身種族身分認同的問題，同時也是因為，當他站在黑人那一方做出種族回應時，他偏袒黑人權益的說辭永遠有被放大及被政治化的危機。

二〇一二年當佛州少年崔旺・馬丁在自家社區被無故槍殺時，原本社會輿論同口譴責濫殺無辜，同樣身為黑人孩子父母的歐巴馬語重心長對馬丁的父母喊話，他說「如果我有兒子，他也會長得像崔旺」，一句話將歐巴馬向來極力維持的種族中立粉碎殆盡，政客及民眾開始政治化、種族化崔旺・馬丁案。歐巴馬的一句話將崔旺・馬丁從一個「人」變成一個「黑人」，而歐巴馬自己則從一個「總統」變成「黑人總統」，一夕之間美國社會長期養成的種族偏見如驚蟄初醒般改變了社會輿論的走向。

即便在近幾年警方無故槍殺黑人的事件愈見頻繁，都鮮見歐巴馬如此顯露真心、如此以一個黑人自居做出回應。但維持一個種族中立的立場及言辭，就是歐巴馬任期中「一半黑，加倍好」的條件及限制。縱使白人社會對黑人施加無理暴力，縱使歐巴馬的對手屢屢語帶不屑、行為乖張，歐巴馬總顯得不為所動、冷靜回應，這樣的冷靜在科茨看來就是要「加倍好」的制約。白人可以憤怒，但黑人永遠無法以憤怒相應，因為美國歷史中如奈特・杜納（Nat Turner）的黑奴暴動事件仍然牽動著美國人的敏感神經；當黑人的怒火燃燒（black rage），美國白人必絕地反撲，不容其有任何燎原之機。殲滅黑人怒火的決心，我們在佛格森市以制暴的裝甲卡車處理黑人抗爭看得再清楚也不過。

因此科茨認為，美國黑人長期對白人社會的忍讓與妥協，也就是從奴隸制度以來的壓抑到馬丁・路德・金恩的非暴力路線，成就了一個可以想像黑人總統的社會氛圍，也因此忍讓與妥協也是歐巴馬身為總統的包袱，甚至是全體黑人的包袱。因為當任何的黑人暴力與黑人怒火都會延燒到他們視為驕傲的黑人總統身上時，全體黑人都不得不背負了一個「保全大局」的責任，被動地被套上「加倍好」的行為約束，即使這樣的相忍為國並不會換來這位必須要或者希望要「一半黑」的黑人總統，對黑人利益的加倍關注。

至此，可以想見科茨（及許多美國黑人）對於歐巴馬政權不再抱持任何希望，他們清楚看見呑忍及讓步只是助長了種族偏見的惡性循環。

*

二〇一三年科茨受邀參加一場與總統的會議時，歐巴馬將他拉到一旁，對他說，「不要絕望。」

「希望」正是科茨與歐巴馬之間最大的不同，也就是為什麼科茨的《在世界與我之間》可以解讀成是對歐巴馬「希望論」的批判。科茨相信社會結構的力量，不相信情感政治（politics of emotion）；他的筆調訴諸事實而不是安慰，他清楚認為白人至上的邏輯是美國社會的基調與養成，永遠會存在，也永遠將會如此，他在書中鼓勵兒子不用再為此浪費心神，不用再為了要讓白人瞭解黑人價值而神傷，因為這永遠不可能。與歐巴馬所勾勒的一個終究會趨向正義的社會未來相比，科茨的未來顯得相當無望。科茨給他的兒子以及新一代美國黑人的建議不是希望，而是不斷的質問與掙扎。

但若是未來已無進步的可能，那又掙扎什麼呢？

若是科茨認為白人至上的路程已定，那他又為什麼不放棄對此的炙熱批判呢？

二〇一四年佛格森警方濫殺黑人無辜之後，「黑人的命也是命」(Black Lives Matter）的黑人平權運動在各地四處開花，他們對於警方執法不公的抗爭讓歐巴馬政權在二〇一五年五月呼籲禁止聯邦政府發放重型機械（如佛格森暴動時所使用的坦克車）給地方警部使用；同年十二月FBI宣布加強追蹤警方致死射殺的系統；芝加哥與科茨的家鄉巴爾的摩也同時在抗爭要求下，開除了他們的警力首長。這些難道不是趨向正義的折彎？

也在同一年，科茨的《在世界與我之間》成了全世界的暢銷書，讀者透過他的文字看到黑人切身的軀體之痛與種族歧視的根深蒂固。科茨受邀到各地演講，讓美國社會再次直視並審視結構的根本不公與內化僵固，他的暢銷書讓跨種族的各界知識分子一同參與了這個國家層級的對話，不但承續前人如布萊恩・史蒂文生（Bryan Stevenson）在《不完美的正義》（*Just Mercy: A Story of Justice and Redemption*）中的批判，或蜜雪兒・亞力山德（Michelle Alexander）在《新種族隔離制度》（*The New Jim Crow*）中的控訴，更將解析結構偏見的風潮帶到另一個高度，如傑西・威廉斯（Jesse Williams）記錄「黑人的命也是命」的紀錄片《保持清醒》（*Stay Woke*），或黑人女導演阿娃・杜威內（Ava Marie DuVernay）大膽探討美國牢獄制度結構中種族偏見的紀錄片《憲法第十三條》（*13th*），都是在這時期接連推出的重要作品。是科茨的書鏗鏘有力地，用他來自社會底層的成長經驗及最貼近人心的文字打開了潘朵拉的盒子，是他的書讓原本應隱藏的黑色憤怒隨著曝光及討論宣洩而出，衝撞出更有力的一個集體黑人之聲，足以與白色憤怒抗衡的黑人怒吼，是他的書幫助美國黑人再次看清，和平抗爭的夢想與希望如果不自己去闖永遠不會到來，是他的書心痛地告訴美國黑人，世世代代的不公掠奪著我們的一切，我們已經有太多可以憤怒的理由。這樣的覺醒難道不是一種進步？

其實科茨很清楚，他從來沒有真正絕望，只是他追求的是一個理智的、做得到的希望。歐巴馬所提倡的同理心（empathy）或融合，對科茨來說只是顧左右而言他、粉飾太平的希望，因為身為奴隸後代在貧民區成長的美國黑人，與身為肯亞知識分子之子的歐巴馬不同，他們沒有選擇另一個身分的自由、勇氣甚至想像的能力，在社會長期的制約及養成下，他們，及美國白人，都無法想像跳脫、轉換或看見其他種族身分的可能，談同理心與融合只是一個自我感覺良好的姿態。科茨所要的希望，不是跳脫，而是面對。

「黑人的命也是命」的重要支持者及發言人傑西．威廉斯曾說：「歷史的軌跡並不會逐漸趨向正義，那是人為所致。」正義及希望對科茨來說，同樣不是瑰麗未來中想像的空中樓閣，不是在現實之外與之上的天真企盼，而是在現實中努力與掙扎奮鬥所贏得的那一點一滴。

二十一世紀的美國黑人平權運動還在如野火般燃燒，它的歷史地位仍難以被蓋棺論定，但《在世界與我之間》以其心已死的沉痛感性，加上理智堅定訴諸事實的批判聲音，解釋及持續催化了這一波的黑人覺醒，它無疑將會是瞭解這個時期最具力道的經典之一。

當佛格森在燃燒，那炙熱的怒火必要逼得拉杜為之駐足停擺，因為它們之間，應該只有十六公里。

紅 書系
熱情的議論 13

在世界與我之間

Between the World and Me

作者	塔納哈希・科茨（Ta-Nehisi Coates）
譯者	宋瑛堂
執行長	陳蕙慧
總編輯	張惠菁
責任編輯	莊瑞琳、洪仕翰
行銷總監	陳雅雯
行銷企劃	尹子麟、余一霞、張宜倩
美術設計	蔡南昇
排版	宸遠彩藝
社長	郭重興
發行人兼出版總監	曾大福
出版	衛城出版／遠足文化事業股份有限公司
發行	遠足文化事業股份有限公司
地址	23141 新北市新店區民權路 108-2 號九樓
電話	02-22181417
傳真	02-86671065
客服專線	0800-221029
法律顧問	華洋法律事務所 蘇文生律師
製版	瑞豐電腦製版印刷股份有限公司
初版	2016 年 10 月
初版二刷	2021 年 3 月
定價	320 元

填寫本書線上回函

在世界與我之間 / 塔納哈希.科茨(Ta-Nehisi Coates)著；宋瑛堂譯.
- 初版. - 新北市：衛城出版：遠足文化發行, 2016.10
面；　公分. -（紅書系；13）
譯自：Between the world and me

ISBN 978-986-93518-2-9（平裝）

1.種族偏見　2.美國

546.5952　　105017336

ACRO
POLIS
衛城
出版

Email　acropolis@bookrep.com.tw
Blog　www.acropolis.pixnet.net/blog
Facebook　www.facebook.com/acropolispublish

● 親愛的讀者你好，非常感謝你購買衛城出版品。
我們非常需要你的意見，請於回函中告訴我們你對此書的意見，
我們會針對你的意見加強改進。

若不方便郵寄回函，歡迎傳真回函給我們。傳真電話 —— 02-2218-1142

或上網搜尋「衛城出版 FACEBOOK」
http://www.facebook.com/acropolispublish

● 讀者資料

你的性別是 □ 男性 □ 女性 □ 其他

你的職業是 ______________ 你的最高學歷是 ______________

年齡 □ 20 歲以下 □ 21-30 歲 □ 31-40 歲 □ 41-50 歲 □ 51-60 歲 □ 61 歲以上

若你願意留下 e-mail，我們將優先寄送 ______________ 衛城出版相關活動訊息與優惠活動

● 購書資料

● 請問你是從哪裡得知本書出版訊息？（可複選）
□ 實體書店 □ 網路書店 □ 報紙 □ 電視 □ 網路 □ 廣播 □ 雜誌 □ 朋友介紹
□ 參加講座活動 □ 其他 ______

● 是在哪裡購買的呢？（單選）
□ 實體連鎖書店 □ 網路書店 □ 獨立書店 □ 傳統書店 □ 團購 □ 其他 ______

● 讓你燃起購買慾的主要原因是？（可複選）
□ 對此類主題感興趣
□ 覺得書籍設計好美，看起來好有質感！
□ 議題好熱，好像很多人都在看，我也想知道裡面在寫什麼
□ 其他 ______
□ 參加講座後，覺得好像不賴
□ 價格優惠吸引我
□ 其實我沒有買書啦！這是送（借）的

● 如果你覺得這本書還不錯，那它的優點是？（可複選）
□ 內容主題具參考價值 □ 文筆流暢 □ 書籍整體設計優美 □ 價格實在 □ 其他 ______

● 如果你覺得這本書讓你好失望，請務必告訴我們它的缺點（可複選）
□ 內容與想像中不符 □ 文筆不流暢 □ 印刷品質差 □ 版面設計影響閱讀 □ 價格偏高 □ 其他 ______

● 大都經由哪些管道得到書籍出版訊息？（可複選）
□ 實體書店 □ 網路書店 □ 報紙 □ 電視 □ 網路 □ 廣播 □ 親友介紹 □ 圖書館 □ 其他 ______

● 習慣購書的地方是？（可複選）
□ 實體連鎖書店 □ 網路書店 □ 獨立書店 □ 傳統書店 □ 學校團購 □ 其他 ______

● 如果你發現書中錯字或是內文有任何需要改進之處，請不吝給我們指教，我們將於再版時更正錯誤

____
____
____
____
____

請沿虛線剪下

廣 告 回 信
臺灣北區郵政管理局登記證
第 1 4 4 3 7 號

請直接投郵•郵資由本公司支付

23141
新北市新店區民權路108-2 號 9 樓

衛城出版 收

● 請沿虛線對折裝訂後寄回，謝謝！

ACROPOLIS 衛城出版

紅 書系
熱情的議論

ACRO
POLIS
衛城
出版

ACRO
POLIS
衛城
出版